幼兒科學教育
理論與實務

簡楚瑛 主編

簡楚瑛、陳淑敏、歐陽遠 著

心理出版社

目次

作者簡介 iii

主編序 vi

第一篇　理論篇 1

第一章　科學教育與社會發展趨勢 3

　　第一節　影響學習的社會發展特質 3

　　第二節　生活中的科學教育在變化快速社會中之意義性 6

第二章　STEM／STEAM 的教育起源及科學教育的目標與
　　　　內容 9

　　第一節　STEM／STEAM 的教育起源 9

　　第二節　科學教育的目標 11

　　第三節　科學教育的內容 14

　　第四節　總結 19

第三章　幼兒科學教育的方法 21

　　第一節　教育的領域廣泛知識與幼兒科學教育的方法 22

　　第二節　教育的領域特定知識與幼兒科學教育的方法 29

第二篇　實務篇：案例、範例 35

第四章　結構性 STEM 課程 I：主題單元課程 37

　　第一節　課程設計的原則與框架 37

　　第二節　STEM 主題單元教學活動設計案例：
　　　　　　「光與影」主題 45

第三節　STEM 主題單元教學活動設計案例：

　　　　　「水與生活」主題 70

第四節　總結性活動分析與資料的運用 88

第五章　結構性 STEM 課程 II：烹飪（點心、水果、沙拉的準備）課程 91

第一節　課程設計的原則與框架 93

第二節　烹飪（點心、水果、沙拉的準備）課程設計案例........97

第六章　方案式 STEM 課程 I：生命科學課程 121

前言 121

第一節　準備與設計階段 122

第二節　教學實施 127

第三節　教學評量 153

第四節　結論與建議 156

第七章　方案式 STEM 課程 II：物理課程 161

前言 161

第一節　準備與設計階段 163

第二節　課程實施與評量 170

第三節　定期研習討論與教學反思 179

第四節　反思之後的課程調整 180

第五節　調整後的課程實施與評量 181

第六節　結論與建議 193

參考文獻 197

中文部分 197

英文部分 198

作者簡介

簡楚瑛（第 1 章～第 4 章）

學歷：國立政治大學教育研究所博士

經歷：國立新竹師範學院幼兒教育學系教授

　　　　國立政治大學幼兒教育研究所教授

　　　　香港教育學院幼兒教育學系教授

　　　　上海華東師範大學幼兒教育學系客座教授

　　　　南京師範大學陳鶴琴講座教授

　　　　美國洛杉磯加州大學（UCLA）、美國哈佛大學（Harvard University）、加拿大卑詩大學（UBC）教育學院訪問學者

著／譯作：

簡楚瑛（1988）。幼兒・親職・教育。文景。

簡楚瑛（1994）。**方案課程之理論與實務：兼談義大利瑞吉歐學前教育系統**。文景。

簡楚瑛（1996）。幼稚園班級經營。文景。

簡楚瑛（2001）。**方案教學之理論與實務**。文景。

簡楚瑛（2004）。**幼兒教育與保育之行政與政策（歐美澳篇）**。心理。

簡楚瑛（2009）。**課程發展理論與實務**。心理。

簡楚瑛（2016）。**幼兒教育課程模式（第四版）**。心理。

簡楚瑛（2022）。**幼兒園課程發展：理論與實務（第三版）**。心理。

簡楚瑛（編審），簡楚瑛、陳淑娟、黃玉如、張雁玲、吳麗雲（譯）（2009）。幼兒語文教材教法（原作者：J. M. Machado）。心理。

簡楚瑛、黃潔薇（編著）（2018）。「生活學習套」（第三版）：幼兒班、低班、高班學生用書（計 30 冊）暨教學資源手冊（計 30 冊）。教育出版社（香港）。

簡楚瑛、歐陽遠（編著）（2018）。「生活素養資源套」：托兒班、小班、中班、大班學生用書（計 38 冊）暨教學資源手冊（計 8 冊）。現代出版社（北京）。

簡楚瑛、歐陽遠（編著）（2019）。「**STEAM**⁺ 小實驗大發現」：小班、中班、大班學生用書（計 24 冊）暨教學資源手冊（計 6 冊）。現代出版社（北京）。

陳淑敏（第 6 章～第 7 章）

學歷：美國威斯康辛大學麥迪遜校區兒童與家庭研究博士

　　　　國立高雄師範大學教育碩士

　　　　國立臺灣師範大學地理學士

經歷：國立屏東大學幼兒教育學系教授

　　　　國立屏東教育大學幼兒教育學系教授

　　　　國立屏東師範學院幼兒教育學系副教授

　　　　美國哈佛大學人類發展與心理學系訪問學者

　　　　美國普渡大學教育研究學系訪問學者

　　　　教育部 78 年度公費留學考試幼兒教育學門榜首

　　　　高雄中學輔導教師、地理教師

　　　　國中地理教師

著／譯作：

陳淑敏（2001）。幼稚園建構教學：理論與實務。心理。

陳淑敏（譯）（2010）。社會人格發展（二版）（原作者：D. R. Shaffer）。華騰。

陳淑敏（2018）。幼兒科學教育：探究取向。心理。

陳淑敏（2023）。幼兒遊戲（第四版）。心理。

歐陽遠（第5章）

學歷：國立交通大學教育研究所教育心理碩士

　　　　加拿大英屬哥倫比亞大學（University of British Columbia）心理學
　　　　學士

經歷：十年以上嬰幼兒教育現場工作經驗，工作場域包括上海、北京、香
　　　　港與臺灣；工作角色以 0 ～ 3 歲、3 ～ 6 歲早教與幼兒園教師／培
　　　　訓師／所長為主。

證照：美國蒙特梭利協會（American Montessori Society, AMS）0 ～ 3
　　　　歲、3 ～ 6 歲國際教師證照。

著作：

簡楚瑛、歐陽遠（編著）（2018）。「生活素養資源套」：托兒班、小
　　　班、中班、大班學生用書（計 38 冊）暨教學資源手冊（計 8 冊）。
　　　現代出版社（北京）。

簡楚瑛、歐陽遠（編著）（2019）。「**STEAM⁺小實驗大發現**」：小
　　　班、中班、大班學生用書（計 24 冊）暨教學資源手冊（計 6 冊）。
　　　現代出版社（北京）。

歐陽遠（編著）（2020）。**快樂成長活動課程：親子活動手冊：托兒班**
　　　（計 10 冊）。復旦大學出版社（上海）。

主編序

　　人若欠缺決策與行動所需的知識就易做出錯誤決定，進而會有錯誤行動。去年 6 月下旬，兒子在家中種下 4 歲大的盆栽果樹，到近 10 月時，我看到樹上有枯枝（沒注意到是冬天來之前的徵兆，但也是欠缺植物相關知識與經驗），就將它修剪掉，其中不乏粗大枝幹，剪了之後才警覺可能犯了錯。今年，我在修剪一些灌木與小叢花樹時，會先上網查詢照顧該植物的相關知識，態度上小心許多（特別心疼我犯錯剪的果樹樹枝）。同一叢花樹裡，有的樹枝長滿了苞、有的看起來還是枯枝，我就不剪了，再觀察幾天後發現：連同一棵樹，不同枝幹發芽的時間也不一樣。

　　此經驗引起了我的反思，可用來遷移到教育場域應用的心得有四：

1. 尊重個別差異的重要性

　　透過經驗，讓我更深刻的體會到「個別差異」的了解與耐心的對待態度、知識與技能，不只可以應用在教育場域上，它也是跨領域、廣泛性領域都需要的概念。即使是在種植工作中，「個別差異」此概念也是需要特別注意的。

2. 專門領域知識的重要性

　　像是什麼樹會在什麼條件下（如月份、溫度、濕度、土壤、日照時間長度等）產生什麼變化、種植時會用到哪些工具、需要哪些材料、種植的程序是什麼等，在我進行種植工作時沒有這些基本的認識，導致我買了很多的花、果樹、盆栽回來後，「一日看三回，看得花時過；蘭草卻依然，苞也無一個」，這就是我完全欠缺對植栽專門知識導致的後果。

3. 目標的重要性

　　購買植栽時，我問自己為什麼要買花、果樹、盆栽呢？是為了欣賞？那未必需要那麼費事，花那麼多的時間去了解和照顧，照著說明書定期的澆澆水、放肥料即可；如果這些花、果樹、盆栽死去了，明年再買即可

（我在花市、朋友間閒聊，發現很多人是屬於此種類型）；還是希望看到自己有能力讓這些花花草草的生命得以持續？那我就應該、也會有動力去探索養花蒔草的方法，諸如此類不同目的，就會有不同行動與不同成果的期望。

4. 好奇心、探索的用心與毅力的重要性

我對很多事情都很好奇，雖然對種花草、果樹很感興趣，但種植也是件有些辛苦的事，它需要我不斷的找資料、嘗試的種植，接受挫折、繼續嘗試，才能期待假以時日，有天我能有滿滿陽臺的花草植物可以觀賞、食用、對話；透過不斷的、堅持的學習，希望我可以逐漸的從生手往「綠手指」專家的境界邁進。

在園本課程口號的浪潮下，很多幼兒園增加了種植、烹飪、縫紉、足球、游泳等課程做為幼兒園宣傳用的園本課程。透過這些特色課程，可以深度培養學生領域特定的知能，加上科技社會下，科學素養教育的需要，以及我前面分享種植的心得感想，促成我將多年探究幼兒科學教育領域之課程設計與教學的思維和成品，轉化成可以給幼兒園裡的實踐者或是想成為幼教人使用的教材，遂有這本書的誕生。

本書的寫作對象是幼教職前、實習階段的學生教師[1]，以及在職場上工作的在職幼教教師。Shulman（1986）指出，「教學中的內容知識領域」論述裡的七類「教師知識」可說是教學者的圭臬。教師在教授（一門）課程時，要有對自己是否具備教學知能的「自覺」，也就是要有「自知之明」，「了解」這七類知識就是充實自己做為教師的知能（林曜聖，2018）。其中，「學科內容知識」（在本書裡指的是科學）及「學科教學知識」（在本書裡指的是幼兒科學教學知識）即是本書特別著重的內容之一，本書第一篇以及第二篇各章的第二節內容之著重點為這個範疇的內容；「一般教學知識」、「課程知識」以及「對教育目的」有關的知識，則在第二篇各章的第一節裡或針對該章範疇提供之活動設計裡有所涉及；

---

1 這裡所謂的「學生教師」，是指在校大學生因為進入實習場域後被稱為老師，故稱之。

「對學習者及其特質的知識」以及「對教育情境的知識」會在教學情境下才容易產生的知識，則在本書第六、七章比較容易看到這部分的知識。

　　本書提供理論與實務兼具的內容，第一篇的第一章到第三章是說明幼兒科學教育受到重視的社會脈絡、針對幼兒科學教育最新內涵的分析與解釋，以及整理並提出針對教導幼兒科學學習所涉及的教學方法。第二篇的四章又可分為兩大類實務性課程案例，第四章和第五章提供預成性、偏結構性的課程案例，因此就課程發展歷程而言，該兩章的案例會偏於課程的開發、設計階段；第六章和第七章所介紹的方案內容屬於生成性課程，就課程發展的歷程而言，屬於執行階段，是無法預先完全規劃、設計好一套活動內容的，因此筆者以其實際帶領幼兒園教師開展過的方法內容，來具體呈現在課程開展歷程中，教師與幼兒如何共同探究並建構課程，以及如何透過詳實記錄教師的討論和反思，來呈現教師進行方案教學時常面臨的困境和解決策略，以供讀者參考。

　　針對如何使用本書，分別依三種使用者提供建議：

1. 對於職前或是實習階段的學生教師

　　筆者認為職前教育學習的內容要具有多元性、整體性、概括性方面的知能，強調的是對該領域知能廣度上的認識。屬於此類型的讀者可以藉由本書第二篇的各章案例來操練自己科學教育之教學經驗，並從中獲取對幼兒科學教育的內容與教學方法之了解與體驗。Livingston 與 Borko（引自 Gagné et al., 1993/1998, pp. 663-664）對教師養成教育的建議之一就是：應該提供實習教師們去教授相同內容的多重機會（multiple opportunities）、要提供學生教師能在「做中學」以及能夠有「修訂」與「精煉」的機會，使之能成為一位有效能的教師。因此，請多運用每章結束前的「討論與分享」之活動設計。

2. 針對已經在職的幼教教師們

　　筆者認為在職進修的內容應該是對該領域知能做深度上的探究與增能，學習內容應該是針對某項個別性、精準性的知能進行（舉例來說，「幼兒園教保活動課程大綱」研習的內容，就應該屬於在職進修的內容，不宜取代職前教育裡與「課程概論」類似學科的內容）。要成為專家教師除了應充分運用本書所寫的基礎科學教育領域知識外，還需要努力的方向

為（Gagné et al., 1993/1998, pp. 627-628, 641, 647）：從第一次開始上科學教育課程時，就要讓自己成為一位有效率的課堂管理者，包括：訂定科學教室裡的規則、讓學生練習、養成合適的行為（如安全措施等）、當學生有科學教室裡不適當的行為時要立刻移除他們的獎賞、要注意觀察學生的表現（必要時，應該要摘要學生學習過程的訊息），並能用摘要內容來調整課程的規劃內容。

3. 針對大專校院的教授們

　　本書是一本企圖將科學教育原理、原則、理論等陳述性知識，透過講授、鷹架式的教導與引導，讓職前教育的學生接觸、了解、練習、應用幼教科學教育內容到幼教現場實務上，您們的推動、引導、教導屬於畫龍點睛的作用。針對職前教育的學生，建議一個學期的教學時間可分為三個階段：第一階段，理論講述與概念上的澄清，可以 4～5 週完成；第二階段介紹單元／活動設計案例後，讓學生個別以小組合作方式，練習設計科學性活動，此可進行 4～6 週；因為這是一門專門領域的科目，因此在練習設計活動時，要綜合與應用學生先前修過的幼教課程與教學概論之知能；第三階段為實踐與反思階段，可以小組教學方式進行現場的實習試教 2～4 次後，再回到教室上課，分享教學心得與提出問題、討論反思後的想法等，亦可進行 4～6 週（視各校行事曆決定）。針對幼兒科學教育內容熟悉的在職進修教師，可以加強科學教育教學時的環境規劃、事先材料的準備、學生在科學活動中的安全與規則意識、技能與態度上的教導。

　　不論讀者是上面三種使用者的哪一種，都希望您在使用本書時，心中有幾位不同年齡的幼兒或是自己班上幼兒的影像，當在思考教育這件事時、設計活動時、教學時，他們的影像隨時會呈現在您的思緒中。

　　本書得以出版，要特別感謝林麗卿教授與林以凱教授做為本書的先讀與回饋者，給予的回饋對本書有著畫龍點睛的提示作用；感謝一起合作的寫作者——陳淑敏教授及歐陽遠老師，在寫作過程中一起走過討論、探究與修改過程；也感謝心理出版社林敬堯總編輯的費心協助出版事宜。本書的論述或是引用文獻如有疏漏、錯誤之處，敬祈讀者先進，不吝賜教！

簡楚瑛　謹識
2024 年 1 月

第一篇

理論篇

簡楚瑛 ■

　　本書第一篇以科學教育的文獻和學理知識為主要內容。第一章在分析二十一世紀初，教育界強調「探究性課程」及「解難能力」的培養之社會變遷背景脈絡，並透過案例說明「問題解決能力」在生活中的意義性。換言之，探究性課程及解難能力的培養等訴求，不僅僅是要以幼兒的發展與興趣為參考資料，社會需求也是決定課程目標與內容的重要因素之一。第二章主要介紹美國 STEM／STEAM 的教育起源及科學教育的目標和內容。第三章主要談的是幼兒科學教育的方法，以及會涉及的一些相關性概念。

　　本書期待的讀者是幼兒教育職前與在職進修的教師。影響教師教學效果好壞的因素很多，其中的重要關鍵因素之一是教師是否擁有教學所需之相關知識、能力與態度。Shulman（1987）主張教師應具備以下七種知識：(1) 內容知識；(2) 一般教學知識；(3) 課程知識；(4) 內容教學法知識；(5) 學生及其特性知識；(6) 教育情境脈絡知識；(7) 教育目的、價值觀及其哲學和歷史背景知識。根據 Stein 等人的研究（引自 Gagné et al., 1993/1998, pp. 635-643）指出，教師本身對教導課程所擁有知識的侷限性（limitations）會以三種方式窄化其教學：(1) 有時會忽略提供未來學習

所需要的背景基礎性知識；(2) 有時會過分強調只有有限應用功能之法則的重要性與效用；(3) 常錯過指出關鍵概念間有意義聯結關係的機會。因此，本書第二、三章提供的內容，就是以 Shulman 主張的教師知識裡之「內容知識」〔指學科內容（本書為科學教育）的相關知識〕和「內容教學法知識」〔指專屬於某學科（本書為科學教育）教學法的知識〕為重點，希望幼教教師在運用科學探究性課程時，能具備科學教育課程發展與教學的基礎性知能。

　　本書聚焦在與科學領域特定有關的範疇上，提供成為良好教師的科學基礎知能。至於要成為一位良好教師需要的基礎教育知能，除了本書裡有部分的內容設計，還需要靠大專校院提供的幼教／幼保課程中，系核心課程與專業選修課程一起養成，例如：教育概論、教學原理、幼兒發展、幼兒園教保活動課程設計等科目。本書以科學領域特定的內容為主，偏於教師深入性、較專長性知能的提供，其特性就如幼教／幼保系裡開的專門課程，例如：幼兒文學、幼兒體能與律動、幼兒戲劇等科目是一樣的。

　　Shulman（1987）主張，教師應具備的七種知識是從一位良好教師的角度所提出，與過去近二十至三十年間，全球各國以及臺灣，不論是學校教育或是全民教育所強調「素養教育」的角度不同。「素養教育」是指在終生學習的框架下，學校教育的方向要以培養學生具備可以因應文化與科技快速變遷社會的知能（吳璧純、詹志禹，2018）。在設計幼兒科學教育課程與教學活動時，可以將「幼兒園教保活動課程大綱」（教育部，2017）裡的素養教育之基本能力指標同時列入參考指標。

第一章

科學教育與社會發展趨勢

簡楚瑛 ∎

　　未來社會的特質影響學校課程與教學之規劃以及學生學習之興趣。Tyler（2013）主張，學生學習目標的來源來自於學生的興趣、需要與能力、社會環境的需要，以及學科專門領域性的知識；Dewey（2015/2018）也主張，學校教育之目的不只在協助個體獨立自主的發展，也在聯結學生與社會環節間、各年級階段間的銜接問題。因此，課程與教學的規劃不得不、也不應該不注意社會的發展趨勢。

第一節　影響學習的社會發展特質

　　二十一世紀開始，社會發展顯現出幾個影響學習的特質（簡楚瑛，2022），說明如下。

壹、一切的發展極為快速

　　快速發展的社會，例如：2007 年出現智慧型手機；2011 年出現運用智慧型手機發展出的社交平臺；2013 年開始大量出現 APP，手機功能多元運用快速發展；2023 年 ChatGPT 新的科技成長，每二年就會成長一倍等，學生需要學習的東西已快速出現，他們在學校學會的東西，並無法應付到終生的需求。

貳、充斥著大量資訊

　　現代社會的資訊來源不僅僅是電視、廣播、報紙、書本，很大部分是來自於網路世界。不限於專家學者，每個人都可以是知識的生產者；現在，學生要學習如何在大量資訊充斥的世界裡去選擇哪些資訊是對他們有用的部分。

參、社會競爭比以前更加劇烈

　　過去我們的發展是依著循序漸進的步驟，完成學業開始工作，前幾年是社會新鮮人，透過跟著上司、師父、學長，慢慢的學習、慢慢的在職業生涯裡發展與攀爬晉升的階梯；未來則是 20 多歲的人要與 30 多歲、40 多歲、50 多歲的人共同工作，在不斷創新的要求下，競爭壓力是前所未有的。同時，我們孩子未來的競爭者不僅僅是同年代的人、不僅僅是人類，同時還要與機器人進行競爭。因此，教育要思考的是，如何提供學生獨立自主生活時所需要的能力。

肆、未知的社會

　　因為前面分析之快速的、競爭的特質，我們對於現在的社會、未來的世界是什麼樣子，是完全無法想像的。全球氣候暖化會如何演變、如何因

應？機器人取代部分的人類工作後，哪些工作會消失、哪些工作會興起？
我們如何去教導「現在」的學生於畢業後投入目前「不存在」的工作？教
師、家長、學生如何面對「學習」這件事？

伍、多元化的特質

社會無論是經濟、人口、文化等的交流，因為科技化與全球化的關係
會變得更多元。跨國旅遊、跨國移民人口增加，加上交通工具的發展與資
訊傳播科技的進步，使得人際之間的時空距離縮短、人們接觸異國文化的
經驗增加、思想交流的機會與頻率提高，進而促進社會價值觀和信念的多
元化。未來學習內容是傾向於自己國家的文化，還是跨越國籍的文化？學
校是強調混雜文化的創新，還是傳統文化傳承為重？個人生存環境是否提
供了學生接觸多元化社會的機會？如何讓在經濟弱勢一端的學生也有接
觸多元文化、觀點的機會？這些問題都影響著學校課程與教學的規劃。

基於現在與未來社會的特質，國際重要組織與政府紛紛從未來學角
度提出課程改革與新的課程綱要或論述（Department for Education, UK,
2013; Finnish National Board of Education, 2004; National Association for
the Education of Young Children [NAEYC], 2019; Organization for Economic
Co-operation and Development [OECD], 2018, 2021），從強調「學科知
識」轉向整合性和跨領域的綜合能力，涵蓋更寬廣的教育內涵；過去知識
導向的課程內涵容易與生活脫節，無法預備學習者因應複雜社會的能力，
新的課程焦點則在培養學生於特定的情境脈絡下，能運用所學的問題解決
能力去處理生活上面臨的問題。因此，「探究取向課程」，例如：義大利
的 Reggio 課程和美國的方案課程，以培養學生問題解決能力為主要訴求
的課程，即成為教育裡的主流。下面舉一個例子（TEDx、天下部落格，
2019），說明「問題解決能力」在生活中的意義性。

第二節　生活中的科學教育在變化快速社會中之意義性

壹、科學知能在生活中之應用案例

2006 年，美國有位 5 歲的凱薩琳，看到電視上說非洲平均每三十秒就有一個小孩死於瘧疾，她決定要做點什麼。這時該怎麼辦呢？

第一步：找媽媽協助

媽媽就陪她查找資料，發現瘧疾是靠蚊子傳染的，有一種泡過殺蟲劑的蚊帳可以保護人不被蚊子咬。但是買這種蚊帳需要錢，怎麼辦呢？

第二步：籌措資金：方法一，靠自己的資源

她決定在學校不吃點心，拿省下來的點心錢去買蚊帳。媽媽得知後帶她去超市，花了十美金買了一頂大蚊帳，然後又找到一個「只要蚊帳基金會」的公益組織，專門送蚊帳去給非洲的孩子。凱薩琳將蚊帳寄了過去，一個禮拜後她收到「只要蚊帳基金會」的感謝信，說她是年紀最小的捐贈人，還告訴她如果捐十頂蚊帳，可以獲得獎狀。凱薩琳想要獎狀，該怎麼辦呢？

凱薩琳請媽媽帶她去跳蚤市場擺攤，把舊書、舊玩具賣了，想把錢捐給「只要蚊帳基金會」。可是賣了一天，生意不好。怎麼辦呢？

第三步：籌措資金：方法二，靠經驗與模仿別人用獎狀方式募款

凱薩琳想：「我捐錢買蚊帳然後得到獎狀。那別人買我的東西，他們也應該得到獎狀才對啊！」於是她開始自己做獎狀、賣蚊帳，「以你的名義，買下一頂蚊帳，送到非洲」就可以得到一張獎狀。鄰居覺得她的獎狀又天真又感人，於是很快就賣掉十張。凱薩琳把錢寄出，收到「只要蚊帳基金會」為她特製的「榮譽證書」，他們封她為「蚊帳大使」。但是，想要救助更多的非洲兒童需要更多的錢，怎麼辦呢？

第四步：籌措資金：方法三，找富豪直接募款

　　凱薩琳給《富比士雜誌》（*Forbes*）富豪排行榜上的大亨每個人寫了一封信。其中一封寫著：「親愛的比爾蓋茲先生，沒有蚊帳，非洲的小孩會因為瘧疾而死掉。他們需要錢，可是聽說錢都在你那裡……」2007 年11 月，比爾蓋茲基金會宣布：捐三百萬美金給「只要蚊帳基金會」。

　　凱薩琳 7 歲的時候，已經救了超過百萬個非洲小孩的生命。即使是小到 5 歲大的孩子都可以解決不是大眾初步認知具有能力處理的問題，而凱薩琳做到了。凱薩琳處理問題的步驟大致上是符合一般問題解決的五個步驟：(1) 發現與確認問題；(2) 蒐集與分析資料，確認真正的原因；(3) 找出與選擇解決方案；(4) 執行最佳方案；(5) 評估結果：檢討解決問題的過程與結果。上述過程裡應用了多元領域的知識、技能、分析、推理和有效溝通交流的能力，以及在不同的情境中解決問題的能力（簡楚瑛，2019）。

貳、科學教育的意義性

　　從學生學習以及課程設計的角度來看，生活裡充滿著有待幼兒去學習解決的問題，例如：「大人都要我吃青菜，但我就是不愛，怎麼辦？」「同學常常搶我最喜歡玩的玩具，怎麼辦？」「最近有新的外國朋友來家裡，我很不習慣和他玩，怎麼辦？」「怎麼樣才知道哪些東西會沉入水裡，哪些不會？」「怎麼樣才能快速又不費力的搬動重物？」「為什麼會有影子，可以怎麼做出不同的影子來？」「我可以如何控制彈珠來做出我想要的畫？」等等的問題，都是學習素材的來源。

　　學習的內容愈接近學生日常的生活與興趣，學習的遷移及效果就會愈好；學習的內容與方式愈能因應社會發展的脈動而多元化，對學生銜接下一階段的學習以及面對學校生活以外之生活層面的適應也會更容易。針對學習上的需求，探究性課程遂成為主要的課程設計方式之一。

　　最新的科學教育（請見第二章定義上之探究）主張，不是用分科方式去學習知識，而是強調運用科學知識、方法與科學精神去培養學習者問題

解決能力，因應多變的社會發展趨勢，最終使得人們的生活更便利、更舒適、更豐富，進而創造與豐富人類的文明。換言之，新的科學教育強調的不僅僅是知識的累積，它更強調將知識合理的應用到生活中，讓我們的生活品質能有更高的提升；讓學習者能透過科學教育而習得解決多變與層出不窮之問題的能力。

　　近年來，隨著中小學 STEM 教育的積極開展，學前教育界也在關注與探索。 STEM 教育的核心是整合領域經驗與問題解決，符合幼兒的學習特點，用具體的、幼兒能夠理解並親近的材料，將學習中的各種領域知識和資源合理的整合在一起，調動幼兒學習的積極性，促進幼兒健康的成長。其實，在學前教育中存在很多 STEM 教育的機會，關鍵在於教師是否具有 STEM 教育的意識和方法，這也是本書努力的宗旨。

討論與分享

1. 請 3 ～ 4 人一組，討論、分享關於凱薩琳案例對有關學習這件事的看法。
2. 請 3 ～ 4 人一組，討論、分享一個自己或是他人對於幼兒解決問題的經驗、過程、方法。
3. 請分享自己解決生活上問題的例子，並分析能解決問題的關鍵因素。
4. 請舉例分享，以前學校所學的，是否足夠應對現在與未來生活上的需要？可以做些什麼來增加自己解決生活與未來工作之難題的能力？
5. Tyler 主張，學生學習目標的來源來自於「學生的興趣、需要與能力」、「社會環境的需要」，以及「學科專門領域性的知識」。Tyler 的主張與「以幼兒為中心」的理念有衝突嗎？如何做才能兼容並蓄？
6. 請從 Shulman 主張教師應具備的七種知識角度說明，為什麼師資培育課程裡會有專科領域課程（例如：幼兒科學教育教材教法、幼兒藝術教育教材教法、幼兒語文教育教材教法等）的提供？

第二章

STEM／STEAM 的教育起源及科學教育的目標與內容

簡楚瑛 ■

第一節　STEM／STEAM 的教育起源

　　過去數十年裡，「探究取向課程」的樣貌形式，以義大利的 Reggio 課程和美國的方案課程為主，前述兩種形式雖然也是偏重以「探究性」和「統整性」為主要訴求，以培養學生問題解決能力為主要教育目標，但 STEM 課程則更細緻化和深入化的強調科學領域（廣義的）知識、方法與實踐能力之落地性（能解決所面臨的問題）。首次提出 STEM 這個縮寫的是美國國家科學基金會（United States National Science Foundation, NSF）之 Judith A. Ramaley（Watson & Watson, 2013），其分別指的是科學（science）、科技（technology）、工程（engineering）、數學（mathematics），其目的是希望人們能統整科學、科技、工程和數學領

域的知能去發展解決問題的能力，從而提高美國的全球競爭力（Dugger, 2010）。2006 年，弗吉尼亞科技大學學者 Georgette Yakman 首先提出將藝術（arts）加入到 STEM 教育中，而成為 STEAM。這裡所指的藝術是大藝術的視角，包含了廣義上的精緻藝術（fine art）、語言藝術（language art）、人文藝術（liberal art）、肢體藝術（physical art）和手工藝術（manual art）等，將更有助於學習者從更多視角去認識不同學科間的關係（Yakman, 2010, 2017）。筆者認為，STEAM 的概念是以 STEM 的論點為基礎，然後將概念加以擴張到與藝術的結合，本書僅在此稍微介紹它的起源，之後的內容將以 STEM 為主。

　　STEM 的定義、內涵、期待達到之目的與實踐策略等是經過數年至數十年逐漸發展出來的。經濟合作暨發展組織（OECD, 2021）的報告顯示，世界各國對 STEM 教育已愈來愈重視；唯這些國家裡，目前是以美國的相關研究與文獻最深入，因此本書就以美國的文獻做為主要之探究資料來源[1]。目前最新、較為完整、具體且比較為人參考與引用的文件是美國國家研究委員會（National Research Council, NRC）頒布的「K-12 科學教育框架：實踐、跨學科概念與核心概念」（*A Framework for K-12 Science Education: Practices, Crosscutting Concepts, and Core Ideas*）（NRC, 2012）、針對上述文件之執行而頒布的「下一世代科學標準：為各州、由各州制定」（*Next Generation Science Standards: For States, by States*）（NRC, 2013），以及接著頒布的「實踐下一世代科學標準指引」（*Guide to Implementing the Next Generation Science Standards*）（NRC, 2015）。前述三個文件對 STEM 的概念、標準以及執行時需要注意之事項，有一層一層詳細的詮釋，每一個於後頒布的文件分別是對前一個文件更清晰、更詳細的闡述。這些參考文件還會不斷的發展，學術研究人員、課程設計與發展人員等要不斷的研究如何應用和轉化這些標準和指標，才能成為實務上之課程、活動目標、教學、評量等應用上的成品。

---

[1] 有關美國政府與專業團體對 STEM 的概念和內涵之發展脈絡過程，可以參考周淑惠於 2022 年出版的《幼兒科學教育：邁向 STEM 新趨勢》一書，本書就不針對 STEM 的概念和內涵之發展歷史的部分做深入探究。

第二節　科學教育的目標

　　基本上，「STEM 教育」是比以前使用的「科學教育」更為細緻化和更清晰化，將科學教育的理念與內容都放進去。本書中的 STEM 教育屬於科學教育之狹義性質定義，而科學教育則為廣義性的定義，如圖 2-1 所示。STEM 教育與科學教育間有廣義與狹義或是隸屬關係的存在，本書原則上不會將兩個詞彙的定義予以分別，也因此有時會兩個詞彙混用（就像是英文資料有的是用 science、有的是用 STEM、有的則是兩者混用）。

　　本書引用的資料以美國國家研究委員會（National Academy of Engineering [NAE] & National Research Council [NRC], 2014; NRC, 2012, 2013, 2015）的四個文件、經濟合作暨發展組織（OECD, 2018, 2021），以及美國幼教學會（National Association for the Education of Young Children [NAEYC], 2019, 2020; NAEYC & Fred Rogers Center for Early Learning and Children's Media, 2012）為主要參考文件。這些文件內容適用於 K-12，本書內容參考 K-2 階段的內容，加上筆者整合篩選合宜於 3～6 歲幼兒的部分，分為「科學教育的目標」（在本節闡述）、「科學教育的內容」（在下節闡述），以及「科學教育的方法」（在第三章闡述）舉例、說明、介紹如下。

　　有關幼兒科學教育的目標（廣義的科學教育），Bloom（1956）及 Anderson 等人（2001）將教育目標分為認知、情意、技能三類；美國國家研究委員會（NAE & NRC, 2014; NRC, 2012, 2013, 2015）將科學知識（科學教育的內容）分為下述三大類〔科學核心概念（STEM）、跨學科性概念、科學實踐性知識三類的內容，會在本章第三節中做說明〕，本節根據 Bloom 及 Anderson 等人之分類方式，選擇符合幼兒的科學教育目標，說明如下。

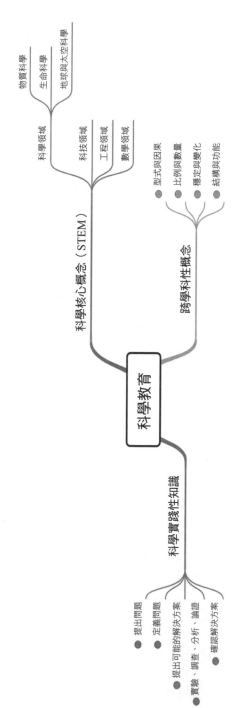

圖 2-1　科學教育的內容

壹、認知

- 習得（記憶、理解）科學核心概念（STEM）和跨學科性概念。
- 會應用科學核心概念（STEM），於日常生活情境使用，習得跨學科性概念及科學實踐性知識。
- 能運用習得的科學知識〔包括：科學核心概念（STEM）、跨學科性概念、科學實踐性知識〕解決生活中面臨的問題。筆者認為，以前的幼兒科學教育目標是以知識之教導為主，目前的科學教育目標則以能「運用」所學到的知識「處理」所面臨的問題（強調「情境」因素以及「解決問題」的過程與結果）。因此，科學教育的認知目標不只應注意高階認知目標（分析、評鑑、創造）之習得，低階認知目標（記憶、理解、應用）也是重點，沒有哪一階的目標比哪一階的目標更為重要；同時，認知性目標需要與情意（正向性的態度，即有意願、喜歡、有毅力、嚴謹有序等）目標和技能目標結合、整合，才能達到科學教育的目標。

貳、情意

- 喜歡探索周邊人、事、物、大自然等環境。
- 能接受科學嚴謹、規則性處理問題的態度。
- 喜歡探究問題，並有解決問題的毅力、意願、科學性等態度。

參、技能

- 會使用一些合宜的工具進行探究活動，例如：會使用溫度計、不同功能的尺、計時器、電子秤、顯微鏡、凹凸鏡等工具來解決問題。
- 學會獲得科學知識過程的技能，例如：系統性觀察、測量、紀錄、比較、分類、實驗、溝通、會提出問題與假設、會根據蒐集與分析的資料做推論、預測、解釋等過程性技能。

第三節　科學教育的內容

　　幼兒科學教育的內容（廣義的科學教育）分成科學核心概念（STEM）、跨學科性概念、科學實踐性知識三個向度的內容。以下先介紹後兩者，再介紹科學核心概念（STEM）。

壹、跨學科性概念

　　問題解決除了需要有各個領域的核心概念〔此稱之為「領域特定知識」（domain-specific knowledge）〕外，也有些概念是可以跨領域、跨學科的〔此稱之為「領域廣泛知識」（domain-general knowledge）〕。就像是，當教師讓幼兒以一個紅、一個綠、一個紅、一個綠的間隔串珠子時，或是當教師帶著幼兒觀看花卉發芽、長大、開花、結果的循環過程時，就是在培養他們型式（pattern）的概念；當教師帶著幼兒探究皮球在不同粗細材料滑板上滾動的速度時，就是在培養他們因果關係的概念；當教師帶著幼兒觀察不同類型的橋墩與橋型，然後用不同的材質和角度去設計能承載重量的模型橋時，就是在培養他們結構與功能的概念；當教師帶著幼兒做不同倍數大小的饅頭時，就是在培養他們比例與數量的概念；當教師帶著幼兒做光和影子實驗時，就是在培養他們穩定與變化的概念等。這些型式的概念、因果關係的概念、結構與功能的概念、比例與數量的概念、穩定與變化的概念等是跨學科間可以共用的概念，是屬於跨學科性概念。

貳、科學實踐性知識

　　科學實踐性知識就是 know how 的知識，是如何將科學核心概念以及跨學科性概念應用到實際問題上，能夠解決問題的技術、程序、步驟。

　　以上一章凱薩琳的例子來看，當她聽到非洲平均每三十秒就有一個小孩死於瘧疾的新聞時，問題就出現了：如何為這些孩子做點什麼事呢？

接著會問：為什麼非洲孩子會得到瘧疾？

解決問題的方法：首先做的事就是查找資料。

發現新的問題：如何才會有錢去買泡過殺蟲劑的蚊帳？

解決問題的方法：省下點心錢、賣舊的玩具與書本、賣獎狀籌款。

發現新的問題：想要救助更多非洲孩子的話，就需要更多錢。

解決問題的方法：寫信給《富比士雜誌》富豪榜上的大亨。

結果：「只要蚊帳基金會」至今依然運作中。

筆者相信，在這繼續運作的過程裡持續會有問題出現，但在問題解決的方法裡，包括了一步一步的過程，此過程就屬於科學實踐性知識。像是烹飪的例子，食譜上的圖片或是文字的敘寫，是在教導學習者如何一步一步的將材料揉成一個麵糰，這個過程和程序就是一種實踐性知識。在這實踐過程中具有科學性質，因為其中涉及完成一個成品所需材料間比例的問題，每一個程序所需時間等因素變化會造成成品上之差異。這種活動對幼兒而言，是可以參與學習而且會很感興趣的活動，從中可以學到科學實踐性知識。

最普遍（不分領域知識）也最容易理解的科學實踐性知識，可以Dewey解決問題歷程的五個步驟來理解與運用（Dewey, 1998, pp. 107-115）：(1) 從生活中發現問題；(2) 確定問題的性質；(3) 思考或提出多個假設性的解決方案；(4) 觀察、實驗；(5) 選擇並確認解決方案，以及方案處理結果的驗證。這些步驟強調的是「實踐」之「過程」，以及過程中會用到的「方法」。

這裡提到「過程中會用到的方法」，對幼兒而言，包括：會提問問題；會運用模型（models）來代表具體的事情（如圖表、標本等）；會透過觀察、測量（如用尺、腳步、手掌等方式）、紀錄（如用手機照相、用畫畫等方式，將聽、看等五官感受到的記錄下來）等方法進行探索和調查工作，進而提供問題解決時可運用的數據；會比較、解釋、表達前述各種方法所得到的資訊；會將數據用簡單的圖形表示之；會用觀察所得的資訊建立對自然現象的解釋（針對科學領域，如觀察影子、光與物體間的關係，而得到光的特性概念）；會使用工具或是材料進行設計和測試，進而找到最佳解決方案（如針對幼兒日常生活的問題）；能初步透過閱讀各種

文本的資訊（如玩具模型建構圖、繪本、菜單、圖畫等）與人溝通（包括解決問題過程裡各步驟進行的方向、作法、看法等）。

參、科學核心概念（STEM）

　　STEM 課程強調的是整合性課程，是整合科學、科技、工程與數學領域的概念、知識與技能，進而解決問題的課程。當我們看到「科學」、「物理」、「化學」、「科技」、「工程」等名詞時，可能會覺得講這些艱難的概念、原理與知識給幼兒聽有什麼用？事實上，這些概念是生活中處處存在的，是教師引導幼兒學習時應該理解的，然後才可能引導幼兒觀察、實驗與解釋這些基本概念已經轉化運用到日常生活裡的實務和現象，進而作為保護自己（如知道電的特性與功用，轉化到用電安全事項的應用）、提升生活品質（如用光的原理來設計紅綠燈、照明用的燈飾和手電筒等）與創新之用。這四個領域的核心概念、原理、知識簡述如下。

一、科學領域

　　科學領域包括在 STEM 內，科學教育是廣義的範圍，此處的科學領域是狹義的解釋與範疇，分為三個面向：物質科學（physical sciences）、生命科學（life sciences）、地球與太空科學（earth and space sciences）。

（一）物質科學

物質科學涉及的是物理和化學的內容，包括：

1. 物體與物質的特性：內容包括物體的大小、輕重、形狀、顏色、溫度等特性；組成物體的物質；物質不同狀態的存在（如固態、氣態、液態）。
2. 物體的位置與運動：內容包括物體的絕對與相對位置；物體的運動包含了被舉起、被推動、被吹動、浮在水面上；推拉物體使物體改變位置，進而了解運動大小與作用力大小的關係；會影響物體的力有磁力、彈力、離心力、重力、慣性力等不同的力。
3. 光：內容包括：(1) 光：基本內容包括光的功用，自然的光源（陽

光）除了照明、透過光合作用使植物生長外，是人類健康（維他命D）要素之一，也是能源的來源之一；人工光除了照明、裝飾外，也應用在生活上交通號誌燈的使用；(2) 影子原理；(3) 反射原理；(4) 顏色概念。

4. 熱：透過摩擦、燃燒或將物體混合會產生熱；熱的傳播方式包括傳導、對流與輻射。

5. 電：電的功用與安全，家中的電冰箱、電燈、洗衣機、電腦、吸塵器、百貨公司的電梯、電動車等用的都是電力；了解電對我們日常生活的重要性，以及電的來源與短缺的處境，即可教育幼兒從小養成節約能源的習慣；教導電的危險性以及安全使用的規則（如提醒幼兒不要碰插座，尤其是手濕的時候）。

（二）生命科學

這部分的內容以生物為主，像是植物、動物與微生物（包括細菌、藻類與病毒，在幼兒階段，這部分的認識與幼兒的飲食健康與預防疾病特別有關聯）。較細的內容包括：植物與動物的基本需要（如動物需要空氣、水、食物；植物需要空氣、水、陽光、養分）、生命週期，以及與環境間的互動關係（如透過做為動物的食物而達到植物傳播的途徑，像是大象每天不斷的移動位置，在移動的同時，也會將所吃的食物種子透過排泄物排出，而達到植物傳播的功能）。

教導幼兒的內容不要太強調要認識多少動物或植物的名稱、每一個動物或植物的特徵、各部位的名稱、繁殖的方式等，重點要放在引起幼兒「觀察」生活周遭的意識、興趣與主動性；了解這些植物、動物、微生物與幼兒生活間的關係；進而運用這些知識來保護、增進自己身體的健康。

（三）地球與太空科學

這部分的內容包括：(1) 地球上的物質：固體的岩石與土壤、水、大氣中的氣體；(2) 太空的物體：太陽（提供地球上生物 —— 人類、動植物、微生物 —— 所賴以生存的光與熱）、月亮、星星等物體；(3) 地球與太空的變化：天氣與季節的氣候（如氣溫、風向、風速、濕度等）變化（這部分的學習與幼兒日常生活最貼近，除了會影響每日穿著的選擇外，

也會影響活動，像是要有風的天氣才能玩放風箏的遊戲、下雨天就需要選擇室內的活動等）、地震、山崩、火山爆發、冰河流動等地球表面的變化；(4) 太空科技：衛星、火箭、太空船等上太空的科技。這類知識對幼兒而言，詞彙的理解是有必要的，因為與太空有關的科技在日常新聞中愈來愈常出現了。

二、科技領域

對幼兒而言，科技領域知識指的是對探究歷程或是問題解決歷程裡會用到之工具的認識，例如：(1) 文書工具：剪刀、膠帶、鉗子、美工刀、熱熔膠、雙面膠等；(2) 烹飪工具：削皮刀、電子秤、計時器、溫度計、量杯、漏斗、模子等；(3) 科學探究工具：顯微鏡、放大鏡、滴管、地球儀、凹凸鏡等；(4) 簡單的機械工具：玩具型的起重機、簡易的齒輪、簡易的滑輪、轉軸等。

三、工程領域

對幼兒而言，工程領域是讓他們觀察生活中的事物後，運用 STEM 的知識、工具與技能去設計、製作、測試可以解決問題的產品或是方法，例如：讓幼兒觀察各式的橋：石拱橋、鐵索橋、斜拉橋、獨木橋、單拱橋、雙拱橋、平板橋等，然後提供瓦楞紙、衛生紙、A4 紙、繩子、木板、積木等材料，讓幼兒去探索、實驗用不同材質製做橋，然後實驗橋是否能承受力量，這整個過程就屬於工程領域的學習內容。

四、數學領域

無論是科技或是工程，都會用到數學知識、數學思考方式與方法。在幼兒學習範圍裡，包含的內容有：數概念〔數數、認寫數字、一對一的對應、保留概念（數）、分解合成、加減運算、進位、序數〕、度量概念（多少、大小、長短、高矮、輕重、厚薄、面積、體積、容積、單位、時間、快慢）、圖形空間概念（基本平面圖形、基本立體圖形、空間位置、圖案組成）、邏輯關係概念（推理、相關位置、分類、部分與全體、序列、前後順序、因果關係）等概念。

第四節　總結

　　培養幼兒問題解決的能力可以透過提供其探索的機會來增進；探索固然要尊重幼兒的興趣與能力上之個別差異與走向，但了解學科知識本身的結構性、目標、內涵與方法也是關鍵的要素。

　　幼兒科學教育的終極目的在培養他們生活中面對之切身問題、會運用一些基本的工具、理解且會運用一些科學程序和科學方法於問題解決的過程中，最重要的是能培養幼兒對大自然以及身邊事物具備著積極、正向的態度、喜歡與願意處理生活上面對的問題。

　　本章重點在說明幼兒科學教育的內容，其核心概念包括：跨學科性概念、科學實踐性知識、科學核心概念（STEM）；基本工具、科學程序的認識、理解與應用；對人文與自然科學感興趣與會主動的探索和接觸。

討論與分享

1. 請 3 ～ 4 人一組，每人上網蒐集一篇與 STEM 有關的文章，小組討論、分享該內容的重點與對幼兒學習的關係。
2. 請 3 ～ 4 人一組，分享生活裡運用到「科學實踐性知識」的案例。
3. 請 3 ～ 4 人一組，以「電」為主題，設計一個讓幼兒（由小組決定年齡）學會生活中用電有關之安全的活動（可以參考「課綱」的「課程目標」與「學習指標」來書寫）。
4. 請 3 ～ 4 人一組，在「生命科學領域」裡找一個幼兒生活中待解決的問題，設計一個活動或是一個單元的活動，讓幼兒（由小組決定年齡）體驗問題解決的過程與結果（可以參考「課綱」的「課程目標」與「學習指標」來書寫）。
5. 跟一個幼兒園接洽，讓小組可以用角落的空間，對 4 ～ 5 個幼兒試教第 3 題或是第 4 題的活動設計，並寫下試教心得與反思，然後在班上分享與討論。

6. 請具體設計出一個簡單型式之概念性活動（如依藍色、紅色、綠色的順序串珠子），然後小組（3～4人一組）分享、給回饋並各自修改自己的設計。

7. 請具體設計出一個簡單之因果關係性教學活動（如拿湯杓敲打桌面，會發出聲音），然後小組（3～4人一組）分享、給回饋並各自修改自己的設計。

8. 請具體設計出一個簡單之具有步驟性教學活動（如上廁所的順序），然後小組（3～4人一組）分享、給回饋並各自修改自己的設計。

第三章

幼兒科學教育的方法

簡楚瑛 ∎

　　不同種類的知識會有不同的教學方法，要了解這句話首先就需要了解知識有哪些種類，這就涉及知識分類的問題；分類的規準與結果會因分類的目的、觀點與分類對象之不同而有不同的分類方式。本章有關科學教育的方法雖然是偏於認知心理學，但筆者主張教育本身是應用科學裡的一門學科，而應用科學不宜獨尊於一，因此在教學方法上，應針對不同類別知識使用不同的教學方法，不要排斥行為學派或其他學派所衍生出來的教學策略或是方法。本章第一節從「教育」這個「領域廣泛」（domain-general）的角度，談有關知識的分類與教學有關的內容和方法；第二節則是從「領域特定」（domain-specific）的角度，針對科學教育的教學方法來說明。

　　「領域特定知識」是指，學生學習到的是「某領域特定」之程序性知識（procedural knowledge）與該領域相關的知識，例如：第二章第二節的內容就屬於科學領域特定的教育。學生學習的知識與程序性知識屬於「一般性的知識」，謂之「領域廣泛知識」，是可以跨領域、在不同情境中應用的。在應用的情境裡，它們無法保證可以產生出一個解決問題的方法，

或通常都不是最強而有力的方法，因而有「弱勢方法」（weak methods）之稱。領域特定知識則常被使用在非常特定的情境中，可以有效解決該領域中的問題，因此有「強勢方法」（strong methods）之稱。學習到領域特定之程序性知識是「熟練的」（skilled）或是「專家」（expert）學習過程中統合的一部分（Gagné et al., 1993/1998, pp. 138-142），在歸納推理歷程中擁有領域知識是必要的，假使缺乏這樣的知識，儘管人們可能具有優秀的歸納推理策略，卻可能因為沒有足夠的領域知識而無法使用這些策略（Gagné et al., 1993/1998, p. 318）。換言之，要加強學生廣泛性問題解決技能，需要加強教育之一就是確保其具備適當的領域知識。以下將領域廣泛知識與領域特定知識分節書寫，是為了書寫條理上的方便與清晰度而人為的分節方式，因此寫作內容會出現互相有重複的地方或是會有互動、呼應、牽動的地方。科學教育的教學方法是本章的重點，也是做為幼教教師養成教育內容應該有的一部分內容。筆者提醒，為了聚焦在幼兒科學教育的方法上，因此對認知心理學在知識的獲得等訊息只簡單的提及，讀者如想深入探究本章涉及的「領域廣泛」與「領域特定」知識，以及「專家」、「生手」與教學的關係、學習機轉等資訊，可以參考 Gagné 等人（1993/1998）及 Mayer（1987/1997）的著作。

第一節　教育的領域廣泛知識與幼兒科學教育的方法

　　教育領域的人談到知識目標的分類，最熟悉和最常用的就是 Bloom（1956）所提出、後經 Anderson 等人（2001）所修訂後的教育目標，它是一種領域廣泛的知識，是一個二維向度的教育目標，內容包括：(1) 認知歷程向度，此向度的知識與促進學生學習的保留（retention）和知識遷移（transfer）之心理歷程有關；(2) 知識向度，此向度知識的分類可以協助教師區分教學內容的類別（what to teach）。

壹、認知歷程向度

　　此向度的認知教育目標是教育領域工作者用之已久且廣泛運用的知識分類方式，包括六類，其中第一類知識是與學習的「保留」有關，其餘五類都和學習「遷移」有關。此向度知識的學習內容與目標書寫之內涵和舉例如下：

1. 記憶：包括再認與回憶兩種記憶，例如：指出哪個工具是用來切蘋果的。
2. 理解：係指能從訊息中創造意義、能建立新知識與舊經驗之間的聯結，包括：能舉例、分類、比較、摘要、用自己的方式解釋和推論，例如：指出哪些工具合適用來攪拌沙拉。
3. 應用：會運用程序和步驟來執行工作或解決問題，例如：選擇合適的工具做一個三明治。
4. 分析：能分解資料／材料為局部，並能指出局部之間與整體結構之間的關聯性，例如：透過實驗了解麵粉和水的比例不同時對麵包軟硬度的影響。
5. 評鑑：能根據規準（criteria）與標準（standards）來做判斷，例如：以加 2 茶匙糖和 5 茶匙糖的甜度來評斷哪個飲料好喝。
6. 創造：能發展出一個全新的或是將不同元素組合成一個完整且具功能性的產品，例如：嘗試在原型食譜中加入堅果、水果或是食用色彩，產出創新的產品。

　　針對上述知識的教學方法簡述如下。筆者認為，在課程設計與教學應用時，很難將活動目標或是教學目標一一的、微觀的、鉅細靡遺的敘寫，也不容易在上課時只用一種教學方法。以下分享的教學方法是以要加強某一種學習時會使用的，在正常教學時，是多種教學方法靈活混搭使用；同時，教學方法的內容是很精簡的、介紹性質的、引導性質的，如有精進需要的讀者，請根據下面每一類型知識提示之教學方法深入的找尋專書、專文探究之。在本章結尾「討論與分享」部分，會讓學習者、學生教師有機會針對不同類別知識的教學策略做深入探究、蒐集資料、了解該教學方法之教學步驟後，練習用該方法設計出可以在幼兒園教學之教學活動。

一、記憶

記憶是指，能辨認與再次提取記憶中學過的內容，是學習任何知識的基本需求，學習不宜只強調高階思考能力而不建立大腦中資料庫的內容。增加記憶的策略且適用於幼兒階段，一般可分為三大類型：(1) 複誦策略：如反覆背誦學習的內容；(2) 組織策略：如將學習內容予以組織歸類的方法、分層體系法等；(3) 精進策略：如心像法、聯想法、故事法等。

二、理解與應用

Grant Wiggins 與 Jay McTighe 自 1998 年開始出版「重理解的課程設計」（Understanding by Design, UbD）系列叢書（Wiggins & McTighe, 2005/2008）（註：心理出版社有出版這系列的叢書），提供了一個課程設計的架構，透過此架構去規劃、強調能幫助學生理解重要概念，並能將學習的結果遷移應用到新情境中的課程與教學。Marschall 與 French（2018/2021）以「概念為本的教學」與「概念為本的探究」為基礎，清楚的界定與解釋從結構式到開放式等不同的探究形式，能抓緊概念形成以及發展通則與遷移等探究歷程的核心目標，並提供了大量明確之完成探究學習的教學策略，有興趣深入探究者，可以參考之。

三、分析與評鑑

分類法與對比分析法是幼兒階段學習時使用上最基本的分析與評鑑方法。

四、創造

培養創造思考能力的教學方法以腦力激盪法最常被提及與使用，除此之外，還有聯想技術（association techniques）、夢想法（big dream approach）、屬性列舉法（attribute listing）、型態分析法（morphological analysis）、目錄檢查法（catalog technique）、檢核表技術法（checklist technique）、六 W 檢討法等教學策略（黃政傑，2012，頁 125-127）。

貳、知識向度

知識向度將知識分為以下四類：

1. 事實性知識（factual knowledge）：包括科學學門應知曉的基本要素：術語知識、特定細節與元素知識。

2. 概念性知識（conceptual knowledge）：包括建立科學學門各種基本要素間的關係，取其共同屬性後予以分類，所形成之分類與類別知識、原理原則性的知識、理論／模式／結構性的知識。

3. 程序性知識：包括知道如何運用科學的知識、科學領域的技能與運算知識、科學領域的技術與方法知識、運用規準的知識，也就是知道科學領域裡有關步驟性、流程，以及決定何時運用的知識。當學習者學習到程序性知識時，會學習到「認知技能」（cognitive skill）或是一組組的生產法則（sets of productions）。這些生產法則可供人們用來思考、做決定（Gagné et al., 1993/1998, p. 241）。

4. 後設認知性知識（metacognitive knowledge）：包括對自我認知的知識，以及認知過程的監控、控制與調整的認知知識。

上述的事實性知識和概念性知識可歸屬於陳述性知識（declarative knowledge），指的是了解事件本身的知識，它是與事實、理論、事件與物體有關的知識，例如：第五章第二節介紹各種烹飪工具名稱、使用方式等知識就屬於陳述性知識；陳述性知識和程序性知識（上面第三項）不同，程序性知識乃了解事情要怎麼做的知識，它包含了動作技能、認知技能與認知策略等知識。在學習程序性知識的同時會自然產生新的陳述性知識；認知學派主張，學習涉及「人類訊息處理系統」，在這系統裡，會將長期記憶機制分成陳述性記憶與程序性記憶，「人類訊息處理系統」裡工作記憶是包括這兩種記憶的（Gagné et al., 1993/1998, pp. 81-84），例如：第五章第二節在介紹各種烹飪工具名稱、使用方式時，也會同時介紹使用時的程序。從分辨陳述性知識和程序性知識的異同，可以了解分辨知識對課程設計與有效教學規劃上的重要性，例如：為了讓學生了解各種烹飪工具的名稱與使用方式，直接教學方式的效果就不如直接示範工具運用的方式以及讓學生直接操作效果來得好。

以下說明知識向度三類型知識的教學方法。

一、陳述性知識

陳述性知識是教師教學時希望幼兒學會的基本知識，其教與學的步驟和方法包括：

1. 建立學習內容的意義性：幫助幼兒建立新舊經驗之間的聯結，例如：在引發動機教學時，可以回顧幼兒之前的經歷與經驗過的事情，將有助於其將記憶庫裡的資料提取出來，進而有助於學習新的材料。

2. 示例法：是指教師針對學習內容，運用示範、影片、圖解等方式做說明、比對，讓幼兒能記得所學到的基本知識。

3. 教師運用視覺、聽覺等方式將學習內容予以組織：像是主題網、統計圖表、心智圖等就是訊息組織方式的運用，這些均有助於陳述性知識的學習（Tileston, 2004/2011, pp. 44-46）。

二、程序性知識

有部分的程序性知識是廣泛的，可以跨領域應用，而且不需要和任何特殊領域有一定的關聯，學界稱這類知識為領域廣泛的程序性知識，例如：「事前計畫」、「探究不同的方法」、「嘗試再嘗試」等，都是在不同領域中會用到的廣泛性程序。領域廣泛的程序性知識之培養歷程如下（Tileston, 2004/2011, pp. 47-49）。

（一）建立心智模式

其方法為：

· 教師用放聲思考方式，一面做動作示範，一面說出該步驟的作法，請幼兒注意與觀察教師正在進行的工作程序。

· 提供圖示、流程圖，同時說明圖示中的先後程序，教導對圖示、流程圖的閱讀方式。

· 讓幼兒學習用圖示、流程圖方式，將工作步驟畫出來。

（二）具體化

學習新技能或是處理新資訊的程序性知識，第一步是形成心智模式，第二步就是使用它。一旦開始使用新的技能或程序時，會根據具體可行性做調整，像是修改、增刪等工作，此過程稱為「具體化」（shaping）或是塑形。幫助幼兒將程序性知識具體化的方法有：

- 示範、提供新技能或程序。
- 提供幼兒足夠的時間與機會練習。
- 提示在過程中常犯的錯誤、容易掉入的陷阱。
- 提供幼兒不同的情境脈絡，讓其發展出特定的技能或程序。

（三）自動化

學習新技能或是處理新資訊的程序性知識，第三步是讓幼兒在不知不覺狀態下自動去做某事。一些教學指南如下：

- 以足夠的時間與機會去練習。
- 幫助幼兒能評估自己的學習情形與工作表現，包括評估精熟學習需要的練習量、監控自己的速度與正確性。
- 提供幼兒學習後設認知的機會。

這些領域廣泛的程序若是運用到特殊或是領域特定的情境時，不會是最強勢有用的方法，也不是可以為了達成某些目標最有效率的方法（Gagné et al., 1993/1998, pp. 81-84）。圖 3-1 說明領域特定與領域廣泛的程序性知識間之關係，從中可以了解為什麼領域廣泛的程序性知識是「弱勢方法」，而領域特定的程序性知識是「強勢方法」。

根據研究證明（Gagné et al., 1993/1998, pp. 307-319），教師教導學生廣泛性搜尋策略、演繹性或是推理性策略、歸納推理策略，對用演繹、歸納推理能力來提升解決專業問題（需要領域特定知識的問題）的能力，其效果不大。目前，沒有足夠的證據說明教導學生廣泛領域性的各種程序性知識，其學習結果是會遷移到被教導之教學策略以外的情境上去運用，只有在特定情境下教導特定的問題解決策略或是程序性知識，才具有意義性與效果（Mayer, 1987/1997, p. 244）。換言之，領域特定知識對推理、解決專業性問題歷程而言，是關鍵性的要素。

圖 3-1　領域特定與領域廣泛兩種程序

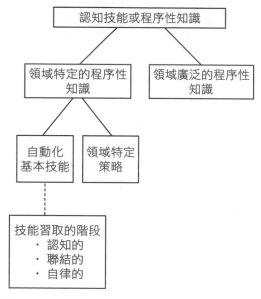

註：Gagné 等人（1993/1998, p. 243）。

　　因此，在進行科學教育時，還是需要加強領域特定的知識為主，也因此，教師在提供幼兒科學教育時，需要加強教師自身之科學教育領域特定的知識。

三、後設認知性知識

　　後設認知是思考自己想法的過程，像是以下幾個問題有助於幼兒後設認知能力的增進（Heick, 2018）：

　　1. 今天有什麼事情讓你感到驚喜？為什麼？

　　2. 你今天學到最重要的一件事是什麼？為什麼？

　　3. 你還想學什麼？為什麼？

　　4. 你什麼時候最有創意？為什麼你會這樣覺得？

　　5. 今天有什麼事情讓你覺得好奇？當你好奇時，你覺得你的學習會有

什麼不同？

6. 今天你什麼時候表現的最好？為什麼？

7. （假設我們正在研究同一件事，你可以決定任何與此事有關的事）你明天要從哪裡繼續工作？為什麼？

8. 你可以運用你已經知道的去做些什麼事？

第二節　教育的領域特定知識與幼兒科學教育的方法

領域特定和領域廣泛兩種程序性知識之間是彼此相關的，後者常被用來建構前者。學習得到的領域特定程序性知識是成為「熟練的」或是「專家」的過程中，統合的一個部分（Gagné et al., 1993/1998, p. 142）。有關成為「熟練的」或是專家過程的機制理論可以參看 Gagné 等人（1993/1998, pp. 296-299）或是其他專書，此處不贅述。在此重點式的提出學習領域特定程序性知識獲得的方法。

筆者要特別說明：要成為專家是需要很長的一段時間與歷程，因此本書的目的不在將幼兒培養成科學專家，而是希望透過具有幼兒科學教育基本知能的教師，可以提供幼兒有關的科學性活動，培養幼兒對科學以及探索的興趣、對科學方法嚴謹的態度。因此，本節內容在針對科學領域的教學方法提供一些簡單、實用的訊息，以幫助教師提升教學效能。

如同圖 3-1 顯示，領域特定的程序性知識包括「基本技能」與「策略」兩種，其教學方法簡述如下。

壹、領域特定基本技能的教學

有關領域特定基本技能，可以經由一個三階段歷程來形成：認知階段、聯結階段與自律階段（Gagné et al., 1993/1998, pp. 242-253）。

一、認知階段

　　在這個步驟中，幼兒會藉著陳述（或思考）每一個步驟的方法來引導自己，並執行該步驟。學習者在執行該步驟時是有意識的行為，因此當某一個步驟無法作用時，便可以（會）去改變或是修改該程序。此階段也會被描述為「引導式的嘗試錯誤」（guided trial and error），要達到階段目標的代價是會花掉很多的時間、努力與對整個過程的監控。換言之，同一個活動設計，反覆的做是有必要性的。在本書第二篇裡，各單元或是活動設計都可以讓幼兒重複的、多次的操作和練習，如同一本繪本可以跟幼兒重複的唸、讀是一樣的道理。透過教師「引導式的嘗試錯誤」，讓幼兒有時間和機會建構自己認知上的成長。

　　筆者要強調，教學者要注意與反思的是：在讓幼兒嘗試錯誤的學習時，是只給機會就足夠了？還是應該要在嘗試錯誤的脈絡下，給予「引導式的嘗試錯誤」，例如：教師如何讓幼兒了解光的特性之一是以直線方式傳播的？若是沒有教師引導、實驗有關影子形成的條件，或是透過引導式的實驗（實驗的機會就是嘗試錯誤的機會）感知光與影的關係，幼兒是無法單單靠自己不斷的實驗、探索，最後可以歸納出答案來的。

二、聯結階段

　　在這個階段中，幼兒開始緩慢的由陳述性知識引導的步驟性行動，轉換成開始失去意識化陳述性知識之特質的步驟性行動；同時，在這歷程中會開始組合的工作，也就是會將程序中個別的步驟予以結合成較大的程序法則，例如：在本書第四章的「光與影」單元裡，幼兒了解光的各種特性之後，可以逐漸的聯結這些特性，進而發展出光、影的運用；又如：本書第五章的烹飪活動，從熟練各種烹飪工具的運用後，會聯結有度量功能之工具，開始進行簡單的、有步驟性的料理過程；當幼兒做多了、看多了簡單的料理過程，食譜上的陳述性知識就會轉變成他們腦海中程序性過程中每個步驟的聯結了；而在本書第六章裡，從教師多次的團體討論、分組活動的紀實中，可以看到教師與同儕間在不斷的探索、分享與討論中，幼兒會逐漸建構出他們對植物與動物生長的認知。

三、自律階段

在這個階段中，技能會被調整到一個可以進行自動化前導的點上，也是第二階段的連續，屬於更精確的辨識歷程階段。教師可以做以下三件事來協助幼兒自動化所學到的基本能力。

（一）藉由練習次級技能，鼓勵幼兒精熟所需的先備技能

在學習複雜程序前，若沒先學到其中一些元素，則會減緩學習歷程。以學習烹飪為例，在本書第五章第二節中，幼兒應該先學習「壹、一」裡的次級技能：即先學習「與食材單位和成果分量無關的小烹飪工具之功能與使用方式」，然後再循序漸進的進入「壹、二」裡的次級技能：「與食材單位和成果分量有關的小烹飪工具之功能與使用方式」；這部分又分成二個小次級技能：「認識烹飪之測量工具」、「會閱讀與遵循食譜的順序與材料的要求」，這樣一步一步的操作、練習、熟練後，走過前面提到的認知與聯結階段，再進入「貳」的烹飪活動，也才能水到渠成的進入到自律階段。

（二）呈現次級技能間的關係

激勵幼兒將小程序組合成為大程序。教師要協助幼兒組合基本技能，「分散式練習」與「即時性回饋」是很有效的方法，例如：本書第四章是以數個活動合成一個單元，每個單元內的活動都是一個新的小概念、技能，數個活動後，對於單元主題的認識就會更擴大些；本書第五章是從非常簡單的烹飪工具名稱、功能或是操作方式的認識開始，逐漸形成組合式的基本技能。例如：會使用塗的工具→會將花生醬塗抹在吐司上→會將2片吐司合在一起，然後用「切」的模具去切出一塊一塊的小塊麵包→用鑷子將切好的蘋果塊一一拿出來，放到盤子裡→用小叉子插在每塊麵包上，開始食用。此例的每一個步驟都是一個小程序，整個過程就組合成一個較大的程序。

（三）協助技能程序化

讓幼兒運用時不用多做思考就可以進行工作的流程，同時要使得程序

化技能、知識能夠真正的有用，必須要在「不同情境」中練習這些技能。讀者可以運用本書第二篇各章的活動設計，讓幼兒有多次且在不同情境下操作、反覆練習的機會。反覆的練習加上教師適當問題的帶領，幼兒的學習就會慢慢進入學習的自律階段。

貳、領域特定策略的教學

　　有關領域特定策略的教學，Gagné 等人（1993/1998, pp. 271-272）提出較好的建議是：

1. 教師教學時，可以透過提出各類不同情境條件的問題來提供幼兒思考的機會，養成思考習慣：像是在科學教育裡教導測量或是處理搭建工程需要運用工具去測量時，教師可以問：如果在有尺的情況下，怎麼測量？怎麼知道這門有多長？如果在沒有尺的情況下，用手掌或用跨步方式來測量，會有什麼結果？又如：在做烹飪活動時，怎麼樣才不會忘記時間？教師可以問幼兒：我們怎麼知道烤麵包要多久的時間？有什麼方法可以幫助我們？手錶、時鐘、計時器、沙漏等方法，分別適合什麼時候用？

2. 在整個學習歷程中練習使用策略：透過學習歷程練習不同情境、條件下，可以使用何種策略，這種持續性的練習有助於學習者成為學科領域中問題解決的專家，例如：在白天的時候，怎麼樣可以看到自己的影子（像是在有太陽的天氣下，上午或下午在遊戲場玩影子遊戲）？在教室裡，怎麼樣可以看到自己的影子（像是將教室布置成黑暗空間，用燈照方式製造影子）？如何可以在教室裡演皮影戲（像是將教室亮度放暗、設立螢幕、布置燈源，讓幼兒在螢幕後面表演或是操弄玩偶）？

討論與分享

1. 請 3 ～ 4 人一組，以「水果」為主題，針對 Anderson 等人提出的認知歷程向度六個目標：記憶、理解、應用、分析、評鑑、創造，分別寫出一個科學性教育目標的陳述句（可以參考第二章第二節的內容）。

2. 請 3 人一組，蒐集資料，了解「複誦策略」的教學步驟，用來設計一個教導幼兒記憶的活動。

3. 請 3 人一組，蒐集資料，了解「組織策略」的教學步驟，用來設計一個教導幼兒記憶的活動。

4. 請 3 人一組，蒐集資料，了解「精進策略」的教學步驟，用來設計一個教導幼兒記憶的活動。

5. 請 3 人一組，蒐集資料，了解「六 W 檢討法」的教學步驟，用來設計一個培養幼兒創造力的活動。

6. 請 3 人一組，挑選一本合適的繪本，分別設計陳述性知識、程序性知識、後設認知性知識各一個問題，然後教學，反思教學心得與問題設計應注意事項。

7. 請 3 人一組，在第四、五章中挑選一個活動設計，以領域特定之「策略」為教學目標，加以修改後分享之。

8. 請 3 ～ 4 人一組，練習用「幼兒園教保活動課程大綱」裡的學習指標來設計三個實驗性知識活動（指標可參考 https://nyccg6g8.weebly.com/ 網站）。

第二篇

實務篇：案例、範例

簡楚瑛 ▪

　　本書第一篇的內容是探討 STEM 教育／科學教育發展的趨勢、其背後的社會脈絡因素，以及幼兒 STEM 教育／科學教育的目標與內涵。第二篇的內容是以實務上不同的面貌給予案例和範例作為實踐人員參考之用；同時，也希望透過實際案例和範例來引發可以深入探究的課程與教學相關議題，表述筆者的觀點以及引發與讀者的對話。

　　實務上，課程設計與教學規劃的理論基礎包括教育哲學、教育社會學、教育與發展心理學、知識論（簡楚瑛，2022；Ornstein & Hunkins, 2018），這些基礎性理論在提出與介紹的時候會具有絕對性的分野，但在課程設計與教學之應用時，學校或是教師採用的觀點，筆者認為應該不要是單一的，而應該是一種連續性取向觀點的應用。比如說，無論這些哲學理論是傳統與保守的（永恆主義、精粹主義等）或是當代與自由的（進步主義、重建主義），應用時若過於強調某一個觀點或是立場，就容易造成某一方或是某一種的傷害，甚至會引起某種衝突（Ornstein & Hunkins, 2018）。因此，在面臨教育理念與學習情境等不同因素而做決定時，會受到教育哲學、教育社會學、教育與發展心理學、知識論的典派思維不同程度之影響，會有所偏愛，但不應是獨尊於一，這就是應用科學的特性之一。

Ornstein 與 Hunkins（2018）將課程發展取向大致分為技術—科學取向（technical-scientific approach），又稱為現代主義觀點（modernist perspective），以及非技術—非科學取向（nontechnical-nonscientific approach），又稱為後現代、後建構主義觀點（postmodernist, post constructivist perspective）。主張課程設計偏向於學科內容的人，比較喜歡用前者的方法來發展課程；主張學習者才是課程核心的人，就會偏於用後者的方法來發展課程。用二元論方式來定位課程發展的取向是危險的，但不可避免，當我們訴諸文字時，就不容易將教學時的光譜層次之情境因素給納入。教學時因應學生的個別差異、學科知識的特性等因素，教師就是那位將設計好的教案，依據教學現場的需要而做彈性上的修改、採納使用的關鍵和專業的人物。

本篇各章案例（單元、活動、主題）設計時的觀點是不同的，但同一章裡的教學活動設計、單元設計會因為教師教學時的觀點不同，而有不同的過程性面貌。第四、五章的案例，在設計階段偏於結構性課程，也就是課程的探究偏於事先規劃好的，設計者則根據課程設計時的四大理論基礎（教育哲學、教育社會學、教育與發展心理學、知識論）來設計規劃，偏於預成性課程；同時，因屬預成性課程，設計理念與原則雖會事先確立下來，但教學過程就會因為教師個人的信念、經驗等的不同而有不同呈現，因此並不容易呈現教學過程的紀實資料；而第六、七章的方案，在設計階段偏於非結構性課程，也就是課程的探究非事先完全規劃好的，較偏於生成性課程，課程就在教學過程中不斷的衍生而成，因此呈現的資料會以教學過程為主。教師在課程發展過程裡扮演著關鍵角色，因此在課程實施時，學習目標未必會是當初設計時的教學目標，針對同一教案，教師介入程度（如直接介入、間接介入、鷹架會如何搭建等），也不會是設計階段可以完全限制住。這是使用者需要了解事先設計、規劃好的課程與實踐課程間是會有差距性的存在，也是會有教師介入角色、自主性選擇的彈性空間而形成的教學結果有所差異之重要原因之一。

第四章

結構性 STEM 課程 I：
主題單元課程

簡楚瑛 ▪

本章第一節在說明設計主題單元式的 STEM 課程之基本原則與框架；第二節則是依此發展出來的單元活動設計案例：計有 2 個主題、6 個單元、17 個活動。

第一節　課程設計的原則與框架

本章的課程設計內容以「主題單元」做為設計與組織本章 STEM 課程的框架，同時是以螺旋方式從初級、中級到高級，內容從易到難編寫同一個主題、單元與活動。做為教科書的編寫，每個主題下會有不同單元；同一個單元每個層級分別有 2～4 個活動；透過三種程度的螺旋方式，針對同一個主題做深入探索；針對三個程度分別都有「光」、「動植物」、「力與運動」、「物質特性」這四個單元，這部分可以參考簡楚瑛與歐陽

遠（2019）的著作。本章呈現的是「光與影」以及「水與生活」二個主題單元的活動設計，課程設計時會強調和考量如下幾個原則。

壹、課程設計層面

本章的活動設計是以「遊戲」理念去設計，是以幼兒為學習對象而去設想，希望透過遊戲讓幼兒樂於學習；但書寫方式是以「教案、活動設計」的形式呈現，是以做為教師職前與在職進修，或是新手教師為使用對象去書寫，為的是提供實習或是教學參考之用，因此會強調課程設計階段應有的元素——教育目標（包括：單元總目標與學習指標、活動目標與學習指標）、教學流程、應準備的環境因素（包括：實驗材料、活動空間、時間長度、上下活動銜接規劃等）、實踐層面的教學方法，以及評量、總結等內容。分別說明如下。

一、目標

（一）本章每個主題單元的總目標

1. 透過遊戲、實驗、觀察、文本閱讀、動手做、接觸、實作、境教等方式協助幼兒建構科學知識、能力與態度。
2. 協助幼兒能將學到的科學知能應用到日常生活中。
3. 能運用所學到的科學知識、能力與態度，促進生活上的科學精神與人文素養，進而提升生活品質。
4. 培養幼兒主動觀察、預測、測量、實驗、探究、紀錄、溝通、運用的能力，以及會思考、動手操作的能力。

（二）每個主題單元的學習指標

參見以下所舉各單元的重點處就是主題單元的學習指標。為了配合新課綱的應用，讀者可以參考新課綱各層級的指標，依據教學時要特別強調的部分，填上教學時希望達成的目標或是修改提供的訊息。

（三）每個活動都有其個別的活動目標與學習指標

以下設計的活動都有指出期待的活動目標。有少數的藝術性活動設計，可以算是一個主題裡延伸的活動，將該單元科學性主題透過藝術來延伸、遷移其在生活中的可滲透性或是相關性。

為了配合新課綱的應用，本章也在每個活動加上了「學習指標」。不論是單元目標或是活動目標的進行，都會產生六大領域裡不只一個領域的目標，例如：活動目標是透過「玩保齡球活動」，讓幼兒了解與感知沒有生命的物體是相對靜止的，只有在外力作用下，才能改變物體的運動狀態。這是主要的認知性目標，當然在教學過程裡也可能會產生下述目標（說「可能」是因為，教師在教學時可於主要的教學目標外，依學生或是教師期待加強的加上一個或多個副學習的目標；也可能是在教師安排的環境下，幼兒可以學到的目標），像是社-小-1-6-1 會嘗試參與各種活動、語-幼-2-3-2 會簡單描述自己的觀察、身-小-2-1-2 會遵守安全活動的原則等。因為副學習的學習指標會因教師、學生、環境等因素而變化，因此本章針對學習指標的書寫，只寫出認知領域的指標供參考，其他領域就留給教師們依自己的教學理念來補上。

二、活動規劃原則

（一）難易度原則

每個活動名稱之後都標示了難度為初級、中級與高級的提示，這種提示需要教師使用時根據學生的學習經驗、興趣、能力來做教學鷹架，或是選擇是否採用的調整，這時候就是課程設計時要考量之心理學因素。因此，每個活動所適合的年齡，並不是固定不變的；但值得注意的是，每一個單元內的活動以及同一主題下各單元的活動之順序，在設計時是從易到難的設想，這時候參照的就是課程設計時要考量之學科知識因素。不是每種知識都有嚴謹的知識結構，但科學領域的知識結構性是強的、領域知識本身是會強調精準性的。

（二）連貫性原則

　　本章提供的「主題單元式」STEM課程，力求每個單元（「光與影」、「水與生活」這二個主題）內在三個年齡層都有單元內容，每個單元裡有 2 ～ 4 個活動，彼此間在設計上是有活動間的銜接性，分別強調與總目標間的銜接性、三個年齡層針對同一個單元間的銜接性。如果使用者依照整體性的規劃使用，會使得學生的學習較有組織性和深入性；如果不想依主題、單元概念、內容組織方式，而想單獨的選擇某些活動設計來教學，是否可行？這就牽涉到教師／園方選擇該活動教學的目的，也牽涉到教師／園方對學校課程型態的選擇定位來決定，更會涉及到教師科學領域特定知識與領域廣泛知識的教學能力問題。這些問題會與過去數十年內，幼教跟著中小學教育改革裡呼籲「校／園本課程的趨勢」而走，所形成的問題有關。原則上，筆者是不主張碎片式的摘取某個活動單獨來使用，原因分析請參考筆者的著作（簡楚瑛，2022）第十一章「學校本位課程的緣由與案例分享」之說明；同時，主題單元式的課程規劃，與前面第一篇所提到的深度學習是有關聯性的，可以針對第一篇的相關部分再深入閱讀。

（三）生活化原則

　　學習內容的選取儘量與幼兒的生活有關聯性，並希望學習結果可以應用到真實情境中或是容易遷移學習。

（四）做中學原則

　　注重觀察、預測、測量、實驗、探究、紀錄、溝通等方法的學習與運用，隨著幼兒年齡的增長，加強鼓勵其會使用多種方法蒐集資料、繪製圖表、觀察紀錄。

（五）問題導向原則

　　引導幼兒逐漸熟悉從問題出發，根據需求有目的的、跨領域的進行探索與實作。

（六）合作學習原則

　　鼓勵幼兒探究、參與討論、共同做決定、共同解決問題的參與。

（七）培養科學精神與能力為主原則

　　以動手做、動腦想做為設計活動的原則，而不是以學習知識為最終目標。

（八）延伸性原則

　　本章提供的教案多數是具有延伸的可能性，可以將原來一個課程時間的設計延長教學時間或是教學次數，也可以延伸成為一個方案進行。園方與教師均擁有教學之自主性。

三、材料與環境的準備

　　本章活動設計裡寫的「準備的材料和環境」，指的是上課時需要的環境，包括教師事前的準備工作，而不是指「角落的環境」。科學角的環境布置需要整體的規劃，而以下每個活動做完後，有的是可以將該活動的材料與用具放到科學角去，讓幼兒有繼續探索的機會，但不是每個活動都合適放到角落去，這是使用時需要注意的事項。

　　雖然每個活動設計都提供了材料與環境準備的建議，但教師在應用時，還需要注意與學校行政互相配合、互動的默契，以及可能需要事前備料與試作實驗的備課時間，以確認準備的材料是能達到實驗效果的，例如：在「肥皂泡泡球」活動裡，肥皂與水的比例不同就會影響實驗結果，教師事前的準備工作對實驗效果一定會有影響。

四、時間的規劃

　　本章的活動設計教學時間在 30 ～ 50 分鐘左右（有的活動設計有前置作業，因此可以分成二個 30 ～ 50 分鐘去完成；也有的活動可以在深化的原則下，分成 3 次去上課），教師可根據學校整體課程的時間分配、每日作息時間的規劃、學校課程類型、活動內容可生成性的程度、學生的興趣、經驗與能力等因素來決定和調整每次教學與角落活動的時間長度；同

時，是每週 1 次還是 2 次新活動的展示與探索規劃，也是可以彈性調整與規劃的事項。

五、活動的搭配或是延伸

　　本章提供的活動設計是以主題單元概念設計，但它是可以延伸運用的。或是將大團體教學放到角落去讓幼兒繼續探索，或是幼兒園本身是方案課程與主題單元課程同步使用的，這時兩種課程可以互補方式互動。有的活動設計之後，在活動延伸處會提供一些建議性的想法，但請不要被侷限住了。

貳、實踐層面

一、教學形式

　　教學有三種可以進行的方式，建議如下：

1. 活動設計可以透過教師在全班大團體的情況下，展示材料與用具的使用方式、教學的流程。可以的話，當大團體教學結束後，將用具、實驗材料放到角落去，讓有興趣的幼兒在角落時間裡可以繼續透過遊戲進行探索、觀察與記錄等活動。在這種狀況下，材料與用具準備的份數可視教室開放的角落數而定，如果角落多、幼兒選擇多，每個角落放置的材料與用具準備的份數以 2 ～ 4 份即可。

2. 活動設計可以分組方式進行：可以分多少組？要看幼兒可以自主進行活動的程度以及大人人數（除了教師外，還有幾位志工媽媽）來決定，就準備多少份材料與用具；教師展示材料與用具的使用方式、教學的流程，之後在幼兒分組操作後，可以將用具、實驗材料放到角落去，讓有興趣的幼兒有更多機會繼續探索該活動。這種方式需要比較多的人力、材料與用具，但幼兒獲得體驗的機會比較多，教師觀察幼兒學習的過程與成果的訊息量也會比較大。

3. 活動設計可以每個學生都有一套材料與用具方式進行：與分組方式不同的就是「每個學生」都有一份材料、都可以同時進行探索活

動，其優缺點與分組方式雷同。

　　筆者要說明的是，本書寫作的角度係以幼兒園經費有限為假設情況，因此以大團體教學，然後將材料與用具放到科學角為主要角度去設計；但若在經費許可情況下，多添置材料的份數即可實施分組式教學，然後將材料與用具放到角落讓幼兒繼續探索之用。

二、教學流程

　　本章提供的教學流程為六個步驟（University of British Columbia [UBC], 2021），依序為：

1. 引發動機：此為導入環節，在活動開始前，引發幼兒的學習動機。
2. 學習目標與表現結果：這部分要凸顯的是活動目標之重要性。在教學活動流程裡，教師可以自行決定是否要在引發動機之後，告知幼兒當天教學活動的目的；但教師在教學過程中，不要忘記幼兒的學習目標，它是引導教師思考要如何問問題、如何鷹架幼兒之學習的指南針。
3. 了解幼兒：教師藉由詢問、觀察等方式來了解幼兒的前期經驗，屬於一種學習前的評估行為。
4. 教與學：此步驟側重教師使用材料、用具或活動，協助幼兒主動參與課程，以達成具體的活動目標。
5. 檢視與評估：如果幼兒的確透過學習達到活動目標，是可以透過正式或非正式的形式展現出學習結果。此一步驟主要在協助教師了解並檢視自己教學的成效以及幼兒的表現狀態，可以做為進一步輔導或是課程規劃的參考資料。
6. 總結與摘要：在活動結束前，協助幼兒複習所學到的內容。

　　筆者要說明的是，「檢視與評估」步驟的部分：(1) 不是每個活動都有評估表／紀錄表／觀察表／統計表的設計，有時候一個單元才有一個表的設計，其他的時候需要透過老師提供白紙、畫筆，讓幼兒自由表達之方式來得到學習的相關訊息；(2) 如果是大團體方式教學，那幼兒操作的機會就在角落，這時教學流程裡的「檢視與評估」的步驟就可以挪到角落去，等幼兒自己操作後才能得到學習進展的資訊。

三、教師教學時的指導原則

1. 鼓勵幼兒有不一樣的想法與結果。

2. 允許幼兒有探索、思考的時間。

3. 鼓勵幼兒合作完成活動。

4. 鼓勵幼兒討論。

5. 教學重點在養成學生科學探究的精神，以科學方法操作的習慣以及工具的使用，至於知識層面在幼兒階段，並不是首要的。

6. 以下案例的設計雖屬預成性課程，但教師在使用時，可以有不同程度的開放與轉化運用，開放部分就成為生成性課程，兩者間是可以彈性變動的；同時，可以大團體、小組或是個人方式教學間做轉換。

7. 教案裡的「教師可以這樣說」的提示，是一種建議但不是規定，內容有不少連續問的問題，那是寫給教師參考的；在實際教學時，教師要注意運用問問題的技巧（不要照教案裡的提問去連續問）以及侯答、理答的技巧去教學。

參、評量

教師要以問題被解決與否；過程裡學會哪些技能與工具的運用；是否培養出興趣、毅力、專注、合作、秩序的遵守、獨立自主的思考等有關學習的正向態度與情感；或是獲得科學相關陳述性與程序性知識、工具的運用與科學邏輯思考方式等，做為評量的參考指標或是方向。

第二節　STEM 主題單元教學活動設計案例：「光與影」主題

　　「光與影」主題依程度分為 3 個單元，活動設計如下（每個單元有 3 ～ 4 個活動設計）。

單元一：影子的秘密（初級）

　　單元一包含 4 個活動，重點在透過遊戲和探索方式，讓幼兒體驗後進入到認知上的理解：了解影子並非物體本身、影子的形狀會根據物體的變化而變化、不同物體的影子各不相同、不同角度的光源對同一個物體可形成不同形狀的影子、影子大小會隨光源距離遠近的不同而發生變化等，讓幼兒在教師的指導下了解影子形成的條件和特性，進而能自己創作出影子，並培養幼兒的觀察能力，激發勤於思考、主動積極探索與合作的精神，讓幼兒開始練習閱讀與使用簡單的表格與繪圖來表達觀察與實驗結果。

壹、活動一：影子遊戲

一、活動目標

　　1. 能夠發現生活中的影子。
　　2. 理解影子的形狀會根據物體的變化而變化。
　　3. 培養主動探索的習慣。

二、學習指標

　　認-小-1-2-2 觀察自然現象特徵的變化。

三、教學準備的材料和環境

各式動物特徵的頭飾（教師選擇自製 3 ～ 4 種，如圖 4-1 所示）或 3 ～ 4 個不同特徵的帽子各一頂、陽光充足的戶外場地。

圖 4-1　動物頭飾

四、教學流程

（一）引發動機

1. 引發幼兒的先前經驗或生活經驗。

   教師可以這樣說：「小朋友，你們見過自己的影子嗎？今天天氣很好，我們來做一個跟影子有關的遊戲。」

2. 將幼兒帶到陽光充足的地方，觀察自己的影子。

   教師可以這樣說：「影子是可以移動的嗎？影子的形狀和物體本身的形狀有什麼關係呢？今天我們就來玩『踩影子』的遊戲，從遊戲中找出答案吧！」

（二）了解幼兒

找一張小孩做不同動作所產生影子的照片，展示後提問。

教師可以這樣說：「小朋友，先來大膽猜測一下，當我們的位置或動作發生變化時，影子會變化嗎？在什麼情況下會發生變化呢？」

（三）活動步驟與過程

1. 鼓勵幼兒尋找身邊的影子，說一說影子的形狀。

   教師可以這樣說：「我們身邊哪裡有影子呢？請你找一找！」

2. 讓幼兒玩「追影子」遊戲，提醒他們影子會出現的地方。

   教師可以這樣說：「小朋友，請向身後看一看，能看到自己的影子嗎？我們來玩一個『追影子』遊戲，看誰能追上自己的影子。」

3. 引導幼兒思考怎樣才能踩到影子，請他們在遊戲過程中注意安全。

   教師可以這樣說：「小朋友，剛才追到自己的影子了嗎？為什麼追不上？想一想，怎樣才能踩到影子呢？我們再來玩一個『踩影子』遊戲，請 2 人一組，互相踩對方影子；比一比，誰能先踩到。」

4. 出示不同的動物頭飾（或不同特徵的帽子），引導幼兒感知影子的形狀與物體形狀的關係。

   教師可以這樣說：「有幾個小朋友在玩影子遊戲呢？當你們戴上不同的頭飾，影子有沒有變化？為什麼會不一樣呢？」

5. 邀請 3～4 位幼兒到臺前穿戴預先準備好的動物頭飾（或不同特徵的帽子）。

   教師可以這樣說：「有哪幾位小朋友想要上臺戴著可愛的動物頭飾玩影子遊戲？」

6. 請臺前的幼兒面向白牆，教師用手電筒輪流照射他們的背影，請其他孩子說說他們看到的影子是什麼動物。

   教師可以這樣說：「請臺下的小朋友來幫忙看一下牆上的影子都是哪些動物。我們從第一個影子來看看，你們看到了什麼動物？第二個影子呢？第三個影子呢？」

（四）檢視與評估

　　引導幼兒在討論中初步感知影子的特點。

　　教師可以這樣說：「你是怎樣踩影子的？誰的影子沒有被踩到？有什麼辦法可保護自己的影子不被踩到？當頭上戴著動物頭飾（或不同特徵的帽子）後，影子發生了什麼變化？說說看，影子有什麼特點呢？」

（五）分享與總結

帶領幼兒總結影子的特點。

教師可以這樣說：「從活動中可以發現，當我們的位置發生改變時，影子也會隨著移動；當我們戴上動物頭飾（或不同特徵的帽子）時，影子的形狀也會變化。所以，影子會隨物體的移動而移動，影子的形狀也會隨物體形狀的變化而發生改變。」

貳、活動二：有趣的影子

一、活動目標

1. 透過實驗探究影子形成的條件。
2. 願意與同伴合作實驗，並表達自己的發現。
3. 對科學探索感興趣，有進一步實驗的意願。

二、學習指標

認-小-1-2-2 觀察自然現象特徵的變化。
認-小-3-1-1 探索解決問題的可能方法。

三、教學準備的材料和環境

手電筒、紙板、動物玩具、陽光充足的戶外場地。

四、教學流程

（一）引發動機

1. 引發幼兒的先前經驗或生活經驗。
   教師可以這樣說：「在上次的活動中，我們玩了有關影子的遊戲，還記得影子有哪些特點嗎？」教師可以放上次的影片給幼兒看並問到：「產生影子到底需要哪些條件呢？今天，我們來一起揭開有關影子的小秘密吧！」
2. 將幼兒帶到陽光充足的地方，觀察自己的影子。

教師可以這樣說：「影子是可以移動的嗎？影子的形狀和物體本身的形狀有什麼關係呢？今天我們再來玩『踩影子』的遊戲，從遊戲中找出答案吧！」

（二）了解幼兒

出示手電筒、紙板、動物玩具，並提問。

教師可以這樣說：「誰來說一說，這裡有些什麼東西？你們覺得手電筒是做什麼用的？打開手電筒時會有影子出現嗎？關掉以後呢？」

（三）活動步驟與過程

1. 關上教室的燈，拉上窗簾，教師為幼兒介紹材料的使用方法。
2. 將紙板對折，用手電筒去照。

   教師可以這樣說：「小朋友，你們看看有沒有影子呢？」
3. 然後，將動物玩具放在對折的紙板上，再用手電筒去照。

   教師可以這樣說：「有影子出現嗎？」（步驟如圖 4-2 所示）

圖 4-2　活動步驟圖

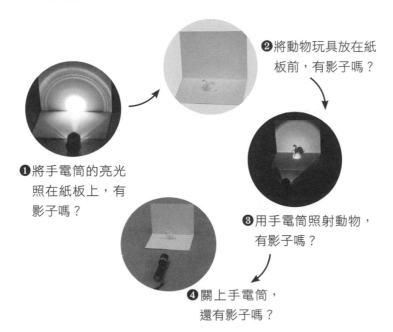

❶將手電筒的亮光照在紙板上，有影子嗎？

❷將動物玩具放在紙板前，有影子嗎？

❸用手電筒照射動物，有影子嗎？

❹關上手電筒，還有影子嗎？

4. 邀請 1～2 位幼兒至臺前參與「製造影子」遊戲，指導並提醒幼兒
觀察影子出現的條件。

　　教師可以這樣說：「請○○拿著紙板和動物玩具，然後用手電筒去
照，玩玩『製造影子』的遊戲！看看什麼時候影子會出現、什麼時
候會消失？要是有東西擋住了動物玩具，你還看得到影子嗎？」

5. 鼓勵幼兒不斷實驗，互相交流自己的發現。

　　教師可以這樣說：「請你們分組合作（教師一邊說，一邊協助幼兒
分組），使用不同的物品進行影子實驗，觀察影子什麼時候會出
現、什麼時候會不見；如果你不想看到影子，你可以怎麼做？和其
他小朋友討論一下吧！」

6. 大團體討論。

　　教師可以這樣說：「今天的實驗結果有什麼發現嗎？有小朋友要說
一說嗎？」「想一想，白天在陽光下會有影子嗎？晚上在家裡不開
燈的情況下會有影子嗎？你還在什麼地方看到過影子呢？」

（四）檢視與評估

　　引導幼兒利用繪畫方式記錄影子的形狀、影子變化的情形，或是製造
影子遊戲時的情景。

（五）分享與總結

　　帶領幼兒總結影子的特點。

　　教師可以這樣說：「從這個活動中可以發現，影子的出現首先要有物
體，然後必須有光源（燈或者太陽）的照射，影子的形狀會隨著物品擺放
的位置、照射的角度而發生變化。」

參、活動三：影子的朋友

一、活動目標

1. 知道不同物體的影子形狀各不相同。
2. 理解影子並非物體本身。

3. 能積極參與操作遊戲，願意做進一步探索。

4. 勇於表達自己的想法。

二、學習指標

認-小-1-3-1 觀察生活物件的特徵。

三、教學準備的材料和環境

手電筒、白板、自製的動物影子圖卡和配對之實體圖像卡片、光線較暗的場地。

四、教學流程

（一）引發動機

引發幼兒的先前經驗或生活經驗。

教師可以這樣說：「在上次的活動中，我們玩了有關影子的遊戲，還記得怎樣才能製造出影子嗎？」

（二）了解幼兒

在白板上提前畫好可以和實體圖卡配對的影子圖。

教師可以這樣說：「小朋友，白板上有 4 個影子圖，我要請 4 位小朋友到臺上來幫這些影子找到自己的『好朋友』。」教師接著將 4 個影子的相應實體圖卡發給臺上的 4 位幼兒，一人一張。教師可以這樣說：「請臺上的小朋友幫手中的圖卡找到它的影子朋友。」「請問影子都找到了自己的『好朋友』了嗎？請小朋友幫忙檢查一下。」

（三）活動步驟與過程

1. 關上燈，拉上窗簾，一位教師面向白牆示範一些手影遊戲（如兔子、鳥兒、狗等），另一位教師在旁協助用手電筒照射他的手。

　　教師可以這樣說：「小朋友，你們知道什麼是手影嗎？請你們觀察一下牆上的手影像什麼？它是什麼顏色的？」

2. 鼓勵 1 ～ 2 位幼兒上臺按自己的意願模仿一個手影，並在一旁協助，用手電筒照射幼兒的手。

教師可以這樣說：「請你用手試一試，看看你的手影可以變成什麼？你還能做出其他的手影造型嗎？」

3. 回到白板，指著實體圖卡與影子圖卡，引導幼兒進一步探索和思考。

　　教師可以這樣說：「你們發現了嗎？影子和物品是可以一一對應的。想一想，在什麼情況下影子會消失呢？」

4. 協助幼兒分成小組，並指導他們使用不同的物品探索影子的特性。

　　教師可以這樣說：「請小朋友一起來探索影子的特性，觀察影子什麼時候會出現、什麼時候會不見；如果你不想看到影子，你可以怎麼做？」

（四）檢視與評估

　　教師可以這樣說：「從今天的實驗中，你們發現了什麼？物體和它影子的形狀是相同的嗎？它們的顏色一樣嗎？」「想一想，白天在陽光下會有影子嗎？晚上在家裡不開燈時會有影子嗎？在什麼地方還可以看到影子呢？」

（五）分享與總結

　　帶領幼兒總結影子的特點。

　　教師可以這樣說：「從今天的活動中可以發現，每一張實體圖卡都有一張相對應的影子圖卡，它們是一一對應的，而且實體和它的影子的形狀是相同的，不同點在於它們的顏色可能不一樣。」

肆、活動四：會變化的影子

一、活動目標

1. 了解影子的大小會隨光源距離遠近的不同而發生變化。
2. 能認真觀察和實驗，勇於用語言表達自己的想法。

二、學習指標

認-小-1-3-1 觀察生活物件的特徵。

三、教學準備的材料和環境

手電筒、紙板、水果或是動物玩具／道具、光線較暗的場地。

四、教學流程

（一）引發動機

關上教室的燈，拉上窗簾，教師動作示範「物體離光源的遠近會導致影子變大變小」。

教師可以這樣說：「大家注意看喔，之前你們做過很多次的實驗了，當有光照射時，不透明的物體就會有影子。請問：你們看到同一物體的影子大小，會一直都是一樣大小的嗎？什麼狀況下它們會有怎麼樣的變化呢？影子會變大變小嗎？我們今天來做實驗看看。」

（二）了解幼兒

出示手電筒、紙板、水果或是動物玩具／道具。

教師可以這樣說：「你們覺得如何操作手電筒才能使物體影子的大小發生變化？」（教師可以變化手電筒與道具之間的距離做示範）

（三）活動步驟與過程

1. 關上教室的燈，拉上窗簾，教師站在離光源不同距離的位置，示範一些手影遊戲或是拿著道具（如兔子、鳥兒、狗等）放在光源與紙板間，讓幼兒觀察到「變化」的情境。
2. 邀請 1～2 位幼兒到臺前自主操作光源與道具間距離的變化。
   教師可以這樣說：「我們現在不要移動道具放置的位置，然後請○○移動手電筒的遠近距離，觀察一下影子是怎麼變化的；如果改變手電筒的角度，影子還會怎麼改變呢？」
3. 提醒幼兒改變道具的位置，再次探索實驗。

教師可以這樣說：「如果移動道具的位置，影子會有什麼變化呢？」（注意提醒幼兒手電筒位置要保持不變）

（四）檢視與評估

教師可以這樣說：「影子的大小會發生變化嗎？光源離物體近一點，影子會怎麼樣？光源離物體遠一點呢？」

（五）分享與總結

引導幼兒總結光源位置與物體影子大小間的關係。

教師可以這樣說：「由實驗可以發現，物體影子的大小是會隨著光（光源）的遠近不同而發生改變。在物體保持不動的情況下，當光源與物體的距離變遠時，物體的影子就會隨之變小；當光源與物體的距離變近時，物體的影子就會隨之變大。」

單元二：奇妙的光影（中級）

單元二包含 4 個活動，重點在引導幼兒去發現光和影子的密切關係以及光的特性。只要有光的地方就會透射出物體的影子而形成光影，幼兒可透過有趣的實驗發現光的特性，包含光可以鑽過鏤空的洞洞、光是沿直線傳播等。此單元能培養幼兒的觀察能力，激發勤於思考、主動積極探索與合作的精神，讓幼兒開始練習閱讀與使用簡單的表格與繪圖來表達觀察與實驗之結果。

壹、活動一：光影的形狀

一、活動目標

1. 知道光能夠穿過鏤空的洞洞，形成光影。
2. 透過探索和實驗發現光照在不同形狀的洞洞上，能夠形成相應形狀的光影。

3.透過對影子活動的探索，養成好奇與探索的興趣與行動力。

二、學習指標

認-中-2-2-1 依據特徵為自然現象分類並命名。

三、教學準備的材料和環境

手電筒、不同形狀的鏤空卡片（可以是幼兒熟悉的幾何形狀、動物或其他隨手可得的圖案）、白色牆面。角落準備的材料和環境除了手電筒和不同形狀的鏤空卡片外，再加上白紙、繪圖紀錄表（如表 4-1 所示）。

表 4-1　光影形狀繪圖紀錄表

請把你看到的光影形狀畫在下面的空白處

(魚)	(鴨)	(鳥)

四、教學流程

（一）引發動機

引發幼兒的先前經驗或生活經驗。

教師可以這樣說：「小朋友，你們觀察過自己的影子嗎？請你分享一下你的影子是什麼樣的？」

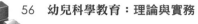

（二）了解幼兒

提出質疑，引出活動的內容。

教師可以這樣說：「請小朋友想一想，影子有形狀嗎？是什麼形狀呢？影子的形狀和什麼有關係呢？」

（三）活動步驟與過程

1. 出示提前準備好的不同形狀鏤空卡片，請幼兒猜一猜，如果用光照射卡片，會出現什麼情況。

2. 示範活動步驟。

   教師可以這樣說：「(1) 對著白牆打開手電筒；(2) 在黑暗的環境下照射鏤空卡片；(3) 觀察投射在牆上的光影形狀。」（如圖 4-3 所示）

圖 4-3　活動步驟圖

步驟 1　　　　　　　步驟 2　　　　　　　步驟 3

3. 請幼兒說一說自己的發現。

   教師可以這樣說：「小朋友，牆上出現的光影是什麼樣的？」「小朋友，可以運用角落活動時間到科學角嘗試這個有趣的實驗。」

（四）檢視與評估

請幼兒把觀察到的光影形狀畫在繪圖紀錄表的空白處，引導幼兒發現光影與鏤空圖案之間的關係。

教師可以這樣說：「請把你觀察到的光影畫在表格的空白處。」

（五）分享與總結

請幼兒分享自己的發現並總結。

教師可以這樣說：「小朋友，我們今天做了一個有趣的實驗。用手電筒照射鏤空的卡片可以發現，光是沿直線傳播的，它傳過來卡片鏤空的部分，形成了一個與鏤空形狀相同的光影。」

貳、活動二：好玩的影子

一、活動目標

1. 初步了解影子是怎麼形成的，感知光與影的關係。
2. 在活動中探索影子的方位變化特性。
3. 願意與同伴一起參與探究活動，體驗合作的樂趣。

二、學習指標

認-中-2-2-1 依據特徵為自然現象分類並命名。

認-中-2-2-2 與他人討論自然現象特徵間的關係。

三、教學準備的材料和環境

手電筒、動物卡片、動物玩偶、光線較暗的場地。

四、教學流程

（一）引發動機

讓幼兒猜謎語，引出影子的主題。

教師可以這樣說：「老師出一個謎語，請小朋友猜一猜是什麼：『我有個好朋友，我走它也走，我停它也停，我到哪兒，它到哪兒，緊緊跟在我身邊』。」（答案：影子）

（二）了解幼兒

教師可以這樣說：「你知道影子是怎樣產生的嗎？產生影子都需要哪些條件呢？」

（三）活動步驟與過程

1. 邀請 1～2 位幼兒自願到臺上使用手電筒和動物卡片來製造影子。教師可以這樣說：「哪 2 位小朋友想來試試影子遊戲？」或是「○○，請你拿出動物卡片和手電筒，試試看可以產生影子嗎？原來當我們用光照射物體時會出現影子啊！」

2. 出示動物玩偶和手電筒，示範使用手電筒變換方向照射玩偶。請幼兒觀察動物的影子，根據影子的變化感知變化的條件。教師請 1～2 位幼兒自願到臺上試試。

   教師可以這樣說：「請小朋友說一說，當你變換方向時，影子產生了什麼變化？原來影子會隨著光源照射的方向不同而發生變化。歡迎小朋友利用角落時間到科學角嘗試這個有趣的實驗。」

3. 讓幼兒在角落進行實驗。

   教師可以這樣說：「請你們嘗試把手中的卡片都試一試，看看有什麼發現？可以的時候，將發現在紙上畫下來。」

4. 引導幼兒改變手電筒的位置，觀察影子的變化。

   教師可以這樣說：「請小朋友想想，如何讓影子發生變化？看一看如何才可以讓影子產生變化。」「請小朋友改變手電筒的位置，看一看影子會有什麼變化。這個操作需要 2 個小朋友一起合作完成：一個小朋友拿著手電筒不斷變化方向和遠近，然後一起仔細觀察影子的變化。」「說一說影子發生了什麼樣的變化？」

（四）檢視與評估

教師可以這樣說：「請小朋友說一說，當你用手電筒照射動物卡片時會有什麼事發生？」「請小朋友說一說，當你發現手電筒照射變換方向時，影子產生了什麼變化？」

（五）分享與總結

透過提問和引導幼兒分享實驗的發現，引出學習結果並做出總結。

教師可以這樣說：「從今天的實驗中可以發現，光照射物體會出現影子，影子還會隨著光源照射的方向不同而發生變化。」

參、活動三：神奇的光

一、活動目標

1. 能夠發現並表達光透過不同材料所產生的變化。
2. 培養嚴謹的科學態度。
3. 喜歡探索科學活動，能大膽表達自己的發現及感受。

二、學習指標

認-中-2-2-1 依據特徵為自然現象分類並命名。

認-中-2-2-2 與他人討論自然現象特徵間的關係。

三、教學準備的材料和環境

燈光秀的照片、手電筒、不織布、鋁箔紙、彩色膠片（紅、黃、藍）、白紙、透明膠片、天氣晴朗時的戶外場地。

四、教學流程

（一）引起動機

出示一張燈光秀的照片，請幼兒觀察，激發學習興趣。

教師可以這樣說：「舞臺上的燈光是什麼顏色的？你們願意當燈光師，幫助演員們調試燈光嗎？」

（二）了解幼兒

教師可以這樣說：「你知道這些五顏六色的燈光是怎麼產生的嗎？」

（三）活動步驟與過程

1. 出示彩色膠片和手電筒，請幼兒猜測手電筒照射彩色膠片時會出現什麼現象。

   教師可以這樣說：「請小朋友猜一猜，如果用手電筒照射彩色膠片，會怎麼樣？」

2. 將手電筒照射紅色膠片，請幼兒觀察光投射在膠片上的顏色。

   教師可以這樣說：「光照射紅色膠片後，射出來的光是什麼顏色的？」「哪一位小朋友想來臺上試試黃色膠片，射出來的光會是什麼顏色呢？」「哪一位小朋友想來臺上試試藍色膠片，射出來的光會是什麼顏色呢？」「歡迎小朋友利用角落時間到科學角嘗試這個有趣的實驗。」「你能像燈光師一樣調出不同顏色的光嗎？」

3. 帶領幼兒來到戶外嘗試將 2 張彩色膠片重疊在一起，並投射在白色牆壁上，看一看是什麼顏色。

   教師可以這樣說：「試著將 2 張彩色膠片重疊在一起，說一說你看到了什麼顏色？」「試著將光影投射在白色牆壁上，看看會發生什麼？」

（四）檢視與評估

　　出示彩色膠片、不織布、鋁箔紙、透明膠片，鼓勵幼兒探究哪些材料可以打出彩色的光束。

　　教師可以這樣說：「這些材料能打出彩色的光束嗎？」

　　建議事項：

　　建議此環節的活動內容，可以小組教學方式進行。

（五）分享與總結

　　透過提問，引導幼兒表達實驗的發現，引出幼兒學習的結果，並做總結。

　　教師可以這樣說：「剛才大家透過實驗驗證了這些材料是否能夠打出彩色的光束，現在請大家來分享一下吧！透過實驗可以發現，光透過不同的材料會有不同的變化，光可以穿透過彩色膠片打出彩色光束；光無法穿

透不織布、鋁箔紙，無法打出光束；光可以穿透過透明膠片，但是不能形成彩色光束。」

肆、活動四：遮陽傘

一、活動目標

1. 知道遮陽傘的用途及功能，感受光的特性。
2. 能夠運用多種繪畫方式裝飾遮陽傘，增加遮陽傘的功能。
3. 喜歡裝飾畫，體驗動手製作的樂趣。

二、學習指標

認-中-2-3-1 依據特徵為生活物件分類並命名。

三、教學準備的材料和環境

沙灘照片、小款空白紙傘（直徑約 30 公分）。角落準備的材料和環境除了小款空白紙傘（每個孩子 1 把）外，尚需顏料、水粉筆、1 ～ 2 個教師已裝飾好的遮陽傘範例。

四、教學流程

（一）引發動機

出示小孩在沙灘上玩耍的照片，請幼兒觀察並回答問題，激發興趣。

教師可以這樣說：「請你們仔細觀察，說一說照片中的小朋友在哪裡？海邊的天氣怎麼樣？你覺得照片中的小朋友會有怎樣的感受？你是怎麼看出來的？」

（二）了解幼兒

教師可以這樣說：「陽光真是太強烈了！請小朋友想一想，什麼物品可以用來遮陽呢？」「小朋友平時有沒有看過爸爸或媽媽使用遮陽傘呢？爸爸或媽媽都是在什麼樣的天氣裡使用遮陽傘？」「原來遮陽傘的功能就

是遮擋陽光，幫助我們遮蔽紫外線、保護我們的皮膚健康。」

（三）活動步驟與過程

1. 出示空白紙傘，設置情境，引導幼兒說出裝飾遮陽傘的方法。

教師可以這樣說：「看！這是什麼？這是老師為了照片中的小朋友準備的遮陽傘，你們覺得這把遮陽傘漂亮嗎？怎樣才能讓它變得更漂亮呢？」

2. 總結幼兒的方法，引出本節活動的內容。

教師可以這樣說：「小朋友說了很多種方法，今天我們就選擇其中的一種方法，用水彩顏料來裝飾遮陽傘。」

3. 將裝飾遮陽傘的活動投放至科學角，教師巡迴指導。

教師可以這樣說：「歡迎小朋友利用角落時間到科學角設計屬於自己的一把遮陽傘。」

（四）檢視與評估

鼓勵幼兒嘗試裝飾不同的圖案，大膽想像，設計自己喜歡的圖案，體驗創作的樂趣。

（五）分享與總結

引導幼兒展示自己的畫作，並分享自己的設計。

教師可以這樣說：「今天小朋友設計了可愛的遮陽傘。誰願意展示一下自己的作品，請說一說你畫的是什麼。」

單元三：光的世界（高級）

單元三包含 3 個活動，重點在透過情境和實驗，引導幼兒觀察、發現、了解光在空氣中沿直線傳播及反射的特性，引發幼兒對地球、月亮、太陽等天體，以及這些天體與人類活動間之關係產生探究興趣。

壹、活動一：影子魔法師

一、活動目標

1. 了解太陽一日中位置的變化與影子的關係，初步理解白天和黑夜的形成原因。
2. 能認真觀察和實驗，大膽講述自己的發現。
3. 感受光沿直線傳播的特性，萌發對光的探索慾望。

二、學習指標

認-大-1-3-1 觀察生活物件的特徵。

認-大-1-3-2 以圖像或符號記錄生活物件的簡單訊息。

認-大-2-2-1 依據特徵為自然現象分類並命名。

認-大-2-2-2 與他人討論自然現象特徵間的關係。

三、教學準備的材料和環境

樹蔭圖片、手電筒、教師自製的紙質小樹或現成的小樹模型、地球儀、觀察紀錄表（如表 4-2 所示）、黑色或灰色的彩色筆（畫影子用）。

表 4-2　觀察紀錄表

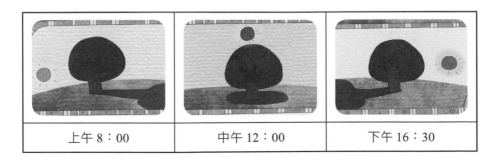

| 上午 8：00 | 中午 12：00 | 下午 16：30 |

四、教學流程

（一）引發動機

出示一張樹蔭圖片，請幼兒觀察，引發活動興趣。

教師可以這樣說：「想一想，如果你想在樹下休息，可是不想被太陽曬到，想一直待在樹蔭裡，你可以怎麼做呢？」

（二）了解幼兒

出示一日中不同時段的樹蔭圖片，並提問。

教師可以這樣說：「早上，小樹的影子在哪裡？中午呢？傍晚呢？」

（三）活動步驟與過程

1. 將一棵做好的小樹放在全天都有陽光的地方（尋找一天內不會被打擾，並有陽光直射的位置，以便讓幼兒放置小樹。避免放置在操場、綠地、走道、窗臺等公共空間）。

   為了方便幼兒觀察與記錄，建議可以分組進行此環節，並根據小組數量提供小樹（每組一棵）。

2. 每日在 8：00、12：00、16：30 時，提醒幼兒記錄小樹影子的位置和太陽的位置。

   教師可以這樣說：「每天的早上、中午和下午，樹蔭是什麼樣子的呢？請你記錄下來！」

3. 示範用手電筒當太陽，固定不動，照射地球儀，同時一邊照一邊轉動地球儀，問到：「小朋友們，你們發現了什麼？」

   然後，將地球儀稍微傾斜，用手電筒的光打在地球儀上，同時將地球儀慢慢轉動。

   教師可以先這樣問：「你們知道為什麼會有白天和黑夜嗎？」

   然後，教師可以先這樣一邊動作，一邊說明：地球是怎樣轉動的？轉動後，太陽光照射不到的地方就變成了黑夜。

（四）檢視與評估

鼓勵幼兒總結觀察紀錄情況。

教師可以這樣說：「早上，你會在小樹的什麼位置休息才不會曬到太陽？中午和傍晚呢？」

（五）分享與總結

　　引導幼兒表達在實驗中的發現，並做總結。

　　教師可以這樣說：「有了光，我們才能看到東西，有了太陽光，我們就能看到小樹的影子，且隨著太陽位置的變化，小樹影子的方向和大小也有變化。當夜晚來臨，沒有了太陽光，我們就無法看到小樹的影子，這是因為地球自轉，太陽照射在地球的另一半，我們這邊就變成了黑夜。」

貳、活動二：吸油紙大變樣

一、活動目標

　　1. 透過實驗，發現吸油紙的變化及光的直射。
　　2. 能和同伴合作觀察、實驗，並記錄實驗結果。
　　3. 喜歡探究和實驗，願意大膽表達自己的看法。

二、學習指標

　　認-大-1-3-1 觀察生活物件的特徵。
　　認-大-1-3-2 以圖像或符號記錄生活物件的簡單訊息。
　　認-大-2-2-2 與他人討論自然現象特徵間的關係。

三、教學準備的材料和環境

　　手電筒、吸油紙、滴管、油。教室前方張貼一張白紙，做實驗時能根據情況調整教室內的亮度。角落準備的材料和環境除了手電筒、吸油紙、滴管外，尚需準備沙拉油、水、茶水、牛奶、實驗紀錄表（如表 4-3 所示）。

表 4-3   吸油紙實驗紀錄表

請在光可穿透的液體欄位下方打勾

沙拉油	水	茶水	牛奶

四、教學流程

（一）引發動機

打開手電筒，在教室前方白紙上做蝸牛或小狗的手影。

教師可以這樣說：「這像什麼動物？誰還會做不同的手影？請上來展示一下吧！」

（二）了解幼兒

出示吸油紙和油，提問引發幼兒興趣。

教師可以這樣說：「猜一猜，滴了油的吸油紙會有什麼變化？」

（三）活動步驟與過程

1. 示範將油滴在吸油紙上，並邀請一位幼兒用手電筒照射吸油紙。
   教師可以這樣說：「請你用手電筒照吸油紙，看看光能穿透吸油紙嗎？」「吸油紙滴了油，變成了什麼樣？」「用手電筒照射滴了油的吸油紙，你發現了什麼？」「手電筒的光穿透過吸油紙了嗎？」
2. 鼓勵幼兒利用角落時間至科學角嘗試此實驗，並記錄實驗結果。
   教師可以這樣說：「除了油，我們也可以試試將其他液體滴在吸油

紙上進行同樣實驗，看看會發生什麼有趣現象。歡迎小朋友利用角落時間到科學角嘗試這個有趣的實驗，並記錄下實驗結果吧！」

3. 在科學角放置吸油紙、滴管、沙拉油、水、茶水、牛奶等材料。

教師可以這樣說：「請和同伴一起做實驗，看看這些材料滴到吸油紙上後，用手電筒照射吸油紙，光是否能穿透。」

4. 請每組幼兒分享實驗結果。

教師可以這樣說：「哪些材料滴到吸油紙上，光能穿過？哪些材料滴到吸油紙上，光不能穿過？」

（四）檢視與評估

出示實驗紀錄表，請幼兒根據實驗結果，完成內容。

教師可以這樣說：「請根據實驗結果，在相應材料下方空格內打勾。」

（五）分享與總結

引導幼兒回顧實驗，並做總結。

教師可以這樣說：「今天我們做了好多實驗，發坱當吸油紙滴上了油之後，光是可以透過油滴穿過去的。不同液體滴到吸油紙上，用手電筒照射，有些光可以穿過，有些光不能穿過，這是因為不同液體的透光性不同，導致光是否穿透的結果也不同。」

參、活動三：化妝舞會

一、活動目標

1. 透過實驗觀察光會「反彈」的現象，理解光的反射原理。
2. 能獨立完成發光噴水壺的製作。
3. 初步了解關於光的反射現象在生活中的廣泛應用。

二、學習指標

認-大-1-3-1 觀察生活物件的特徵。

認-大-2-2-3 與他人討論自然現象的變化與生活的關係。

三、教學準備的材料和環境

手電筒、透明小水壺／瓶（可手動擠壓的噴水壺／瓶）、澱粉、橡皮筋、遮光布、黑卡紙、塑膠杯、夜晚彩色噴泉圖片或影片。

四、教學流程

（一）引發動機

唸兒歌：「小噴泉，真有趣，它給大家演雜技，不頂壇子不頂碗，頂著水花笑咪咪。」請幼兒跟讀，激發其活動興趣。

（二）了解幼兒

請幼兒欣賞夜晚彩色噴泉圖片或影片。

教師可以這樣說：「多漂亮的噴泉呀，水會發光嗎？為什麼噴泉的水會發出彩色的光呢？」「想一想你有什麼好辦法可以讓水發光？」

（三）活動步驟與過程

1. 示範製作一個噴水壺／瓶。

　　教師可以這樣說：「老師也來試著做一個會發光的噴水壺／瓶，請小朋友仔細觀察一下。」「噴水壺／瓶會發光嗎？它的光束是什麼樣的？它為什麼會發光呢？」「將手電筒放在噴水壺／瓶下面，光照射到水裡，管壁不斷反射著光，水帶著這些光噴了出來，就像會發光的噴泉一樣。」

2. 根據以下步驟做第二個實驗，讓幼兒繼續探索光的特性：(1) 在黑卡紙上戳一個小洞；(2) 在黑卡紙後，用手電筒照射裝了水的塑膠杯。（步驟如圖 4-4 所示）

圖 **4-4**　活動步驟圖

步驟 1　　　　　　　　　　　　　　　步驟 2

　　教師可以這樣說：「我們把手電筒放在水杯側面，光從側面照射水，光柱會是什麼樣的呢？」

3. 引導幼兒猜測如果往水杯裡加入澱粉，再次照射，光柱會有什麼變化（如圖 4-5 所示）。

　　教師可以這樣說：「如果往水裡加入澱粉，再次照射，光柱會有什麼變化？」

圖 **4-5**　活動步驟圖

步驟 1　　　　　　　　　　　　　　　步驟 2

（四）檢視與評估

　　可重複但顛倒來做上面的實驗，即先往水杯的水裡加入澱粉，再次照射，問幼兒：「光會有什麼變化？」看幼兒是否學會「反射」的名詞與概念。

（五）分享與總結

引導幼兒回顧活動內容並做總結。

教師可以這樣說：「今天我們做實驗，發現在黑暗中，光照射在水中，水就變成有光的了，這是因為水像一面鏡子反射出光，讓人以為水是會發光的；當在水中加了澱粉之後，水是渾濁的，所以光不能穿過形成光柱，而是分散性的反射到四周圍。」

第三節　STEM 主題單元教學活動設計案例：「水與生活」主題

「水與生活」主題依程度分為 3 個單元，活動設計如下（每個單元有 3 ～ 4 個活動設計）。

單元一：水的特性（初級）

單元一包含 1 個活動，重點在透過實驗與遊戲方式，培養幼兒對「水」特性的了解、生活中液體狀調味料的認識，以及培養幼兒對不了解的事物，可以用實驗和問題等方式去探究。

活動一：生活中的水

一、活動目標

1. 引導幼兒產生對生活中的水感到好奇。
2. 能透過五官的體驗來了解水的基本特性：透明、無色、無味。

二、學習指標

認-小-1-2-2 觀察自然現象特徵的變化。

三、教學準備的材料和環境

可食用的白砂糖、食鹽、白醋、茶水，透明瓶子／杯子 3 個（用於味覺）。黑炭一小塊、紅色或黃色（什麼顏色均可）之顏料（用於視覺）。家裡或學校裡水的圖片（夏天玩水、澆花、洗手、飲水機、水族箱等）。

四、教學流程

（一）引發動機

透過家裡或學校裡水的圖片激發幼兒對「水」的興趣。

教師可以這樣說：「老師要跟你們玩遊戲（出示 3 個杯子），誰猜得出來是什麼遊戲嗎？」

（二）了解幼兒

裝了水的 3 個杯子，分別稱為 A、B、C，在 B 杯裡放入黑炭，在 C 杯裡放入顏料。

教師可以這樣說：「請大家注意看，這 3 杯水有什麼變化？ B 杯和 C 杯還可以叫做『水』嗎？」

（三）活動步驟與過程

1. 請幼兒觀察 3 杯水的變化。

    教師可以這樣說：「因為老師在 3 杯水裡加了東西後，水的性質就不一樣了。A 杯還是透明的，叫『清水』；B 杯加了黑炭，我們寫毛筆字時用的『墨汁』就是水加了碳元素而成的；C 杯是水加了顏料而有了顏色。所以，水是沒有顏色的、是透明的。之後，你們可以找一些小罐子到角落去嘗試用不同的材料加到水中後，觀察顏色上的變化。」

2. 提示水還有很多特性，其中一個就是「水是沒有味道的」。教師可一邊說話一邊擺出 3 個瓶子／杯子，以及拿出糖、鹽、醋。

教師可以這樣說：「你們喜歡喝白開水嗎？為什麼喜歡／不喜歡？我聽到有的小朋友說沒有味道，所以不喜歡喝白開水。對的，水是沒有味道的。那我們請 3 位小朋友來試試看這裡的 3 杯水中，哪一杯是加了糖的、哪一杯是加了鹽的、哪一杯是加了醋的？」「之後，你們可以拿著自己的杯子到角落去嘗試用不同的做菜調味料加到水中後，感受一下味道上的變化，但放調味料時，要一點一點的放，不然味道會太濃。」

3. 擺出分別裝了水、醋、茶的 3 個瓶子／杯子。

教師可以這樣說：「我們已經實驗了水的二個特性，現在再實驗一個好玩的遊戲。誰喜歡玩『聞東西』的遊戲？我們請 3 位小朋友上來玩。」「好，請上來的小朋友選一瓶水來聞，然後告訴大家你聞到什麼味道。」「對了，這瓶沒有味道，是水；第二瓶有酸酸的味道，是醋；第三瓶是種香味，是茶。」

（四）檢視與評估

引導幼兒說出「水」的特質：透明、無色、無味。

教師可以這樣說：「我們今天透過廚房裡的調味料、顏料、黑炭等材料來實驗，了解了水的特性以及水和我們生活間的關係。大家說說看，水有哪些特性？」

（五）分享與總結

帶領幼兒總結「水」的特點。

教師可以這樣說：「你們喜歡今天的遊戲嗎？生活裡若有些事情不了解，是可以用試試看、玩玩看、猜猜看、變化看看等方式去找答案。今天的答案是：水是沒有顏色、是透明、是沒有味道的，所以我們用調味料來讓我們吃喝的東西可以變化味道和顏色。」

建議事項：

本活動有 3 個實驗，教師可以根據幼兒的能力、學習興趣、學校時間規劃上的彈性程度，來決定是 1 次的課程還是可以分成 2～3 次去上課。

單元二：水的應用（中級）

單元二包含 3 個活動，重點在培養幼兒實驗、觀察與表格記錄能力；生活中運用工具（例如：溫度計、量杯、紀錄表等）的能力（本單元的重點不在每個活動背後的原理，這對幼兒而言過深了）；增添一些屬於附學習的科學相關背景知識。

壹、活動一：蒸汽、水與冰塊

一、活動目標

1. 了解「水」的三態名稱，以及水與人類生活上的關係。
2. 學會在不同情境、環境下使用溫度計。

二、學習指標

認-中-1-2-2 觀察自然現象特徵的變化。
認-中-1-3-1 觀察生活物件的特徵。

三、教學準備的材料和環境

數個不同類型的溫度計（電子體溫計、傳統水銀體溫計、烹飪用溫度計、量氣溫的氣溫計）、「水」的三態照片（若條件許可，可以準備常溫飲用水、冰塊、可以在教室裡煮開水的快煮壺）。

四、教學流程

（一）引發動機

透過小朋友每天生活裡接觸到的「水」來開始這個活動。

教師可以這樣說：「小朋友，說說看這幾張照片是什麼東西？」（水、水蒸汽、冰塊）

（二）了解幼兒

　　教師可以這樣說：「小朋友，我們每天的生活裡，哪裡會有『水』？什麼時候會用到『水』？蒸汽是不是水？冰塊是不是水？雨水是不是水？雪是不是水？」「還有，說說看老師手上拿的是什麼東西？做什麼用的？」（老師展示不同的溫度計，一個一個詢問）

（三）活動步驟與過程

　　1. 老師用照片或是用實體方式說明「水」的三態，同時拿出溫度計。

　　　　教師可以這樣說：「小朋友，老師先用這個溫度計量這三種東西的溫度，等等再教你們怎麼閱讀溫度計上的數字。」

　　　　老師一邊量水溫、量冰塊溫度、量水蒸汽溫度，一邊可以這樣說：「水的常溫是攝氏 25 度；這個冰塊是攝氏 0 度（或以下的數字）；這個快煮壺冒出來的氣體叫『水蒸汽』，它是超過攝氏 100 度的。」

　　2. 使用蒐集到的「水」的三態圖做說明。

　　　　教師可以這樣說：「小朋友，我們把水放到冰箱裡，水碰到很冷的環境就會變成冰塊，這就像我們天氣變得很冷的時候，有些山上會下雪是一樣的道理；我們把水放到快煮壺去煮，就會有水蒸汽出來，這就像我們夏天天氣太熱的時候，地上的水或是身上的汗都被蒸發成為水氣，上升成為雲。所以，不管是喝的水或是冰塊、雲等，都是水的成分。」

　　3. 老師拿出不同的溫度計，讓幼兒學習使用與閱讀上面的數字，並反覆的操作和練習。

　　　　教師可以這樣說：「好，老師現在介紹一些溫度計，像是量體溫的體溫計、量氣溫的氣溫計、烹飪用溫度計。」並教導如何使用、閱讀數字，並且說明這些數字代表的意思。

（四）檢視與評估

　　了解幼兒是否知道「水」的三態名稱、大約溫度，以及溫度計的閱讀與使用方式。

教師可以這樣說：「老師展示了如何用溫度計來量水、水蒸汽、冰塊的溫度，現在小朋友 4 人一組，每組發下一個體溫計，請量量看自己的體溫，然後寫在你們自己聯絡簿上今天的日期裡；再拿溫度計，量量看水杯裡的水和老師剛剛發下的冰塊溫度。」

（五）分享與總結

教師可以這樣說：「好，我們來總結一下，誰可以告訴大家『水』的三態名稱？」（分別請幾位舉手的小朋友回答）「用什麼可以量我們的體溫？」（體溫計）「可以用什麼儀器量今天是幾度？」（氣溫計）「怎麼知道一杯水是幾度？」（烹飪用溫度計）

建議事項：

本活動也可以分成 2 個部分進行：一次專注在「水」的三態名稱與概念、嘗試操作實驗（蒸汽部分要由教師操作，避免危險）；另一部分則專注在不同溫度計（工具的認識與使用）的理解與應用。

貳、活動二：誰會沉下去？誰會浮起來？

一、活動目標

1. 透過物體在水中的沉浮現象，學會觀察。
2. 學會將觀察結果記錄下來。
3. 能體驗、喜歡實驗的樂趣。

二、學習指標

認-中-2-2-1 依據特徵為自然現象分類並命名。
認-中-2-2-2 與他人討論自然現象特徵間的關係。
認-中-2-3-2 與他人討論生活物件特徵間的關係。

三、教學準備的材料和環境

一個裝了水的盆子、小玻璃彈珠、氣球、羽毛球、乒乓球、高爾夫

球、棒球、空奶瓶、玻璃罐、彩色筆等（這些小道具可以由環境裡找，不一定要照單全收）、觀察紀錄表（如表 4-4 所示）。

表 4-4　沉浮觀察紀錄表

⇧ 表示浮，⇩ 表示沉，請根據自己的猜想和實驗結果，給箭頭塗上顏色吧！

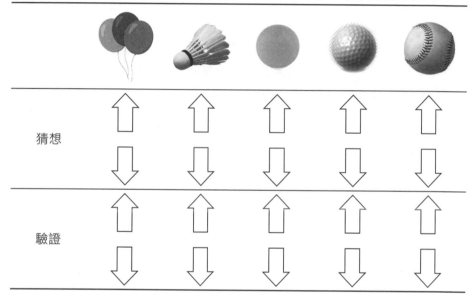

四、教學流程

（一）引發動機

出示一些準備的小東西給幼兒，引起興趣。

教師可以這樣說：「今天我們要玩一個水的遊戲，猜猜看，是什麼遊戲？」

（二）了解幼兒

丟一、二個道具到裝了水的盆子裡去，看幼兒是否猜得到答案。

教師可以這樣說：「小朋友，請猜猜看，老師把羽毛球丟到水裡去，它會不會沉到水底？還是會浮在水面上？好，我請○○來說說看是會沉還是會浮在水面上，為什麼呢？」

（三）活動步驟與過程

1. 稍微說明一下沉與浮的意思，並用實際例子示範。教師可一邊說，
一邊示範。

教師可以這樣說：「物體的沉浮，指的是把物體完全浸沒在某液體
中，然後釋放，物體接下來的具體運動行為。如果物體向下運動，
即為『沉』，指的是物體要沉下去（下沉）；如果物體向上運動，
即為『浮』，指的是物體要浮起來（上浮）。也就是說：沉與浮是
物體在受『重力』（物體由於地球的吸力而承受到的力叫做重力，
重力的方向總是豎直向下的）與『浮力』（指物體浸沒在液體後，
與所受重力相反的豎直向上的力）作用下的運動行為。」（幼兒對
於這些說明未必一次就聽得懂，但透過實驗過程，讓幼兒將概念與
語言結合，反覆的實驗後，就在學會這些詞彙時也會逐漸的明白這
些詞彙的概念）

2. 說明與示範結束後，可以用準備好的道具實驗哪些會沉、哪些會
浮。

教師可以這樣說：「現在桌上有這些小道具，你們可以先猜猜看哪
些會沉下去、哪些會浮起來？」

3. 依次用氣球、羽毛球、乒乓球、高爾夫球、棒球（都是球）來實
驗。

教師可以這樣說：「請問氣球會沉還是會浮起來？」然後，將氣球
放到水盆裡，讓幼兒觀察。

4. 開始教幼兒使用觀察紀錄表。

教師可以這樣說：「小朋友，前面由老師說明與示範，現在正式開
始記錄你們的猜測和實際的狀況。」

5. 發下觀察紀錄表，並說明如何使用這張表格。

教師可以這樣說：「好，小朋友注意看老師剛剛發下的表格，箭頭
向下的表示是『沉』、箭頭向上的是『浮』，請你們拿出彩色筆來
（或是發給學生），在第一排『猜想』的那一排，先根據自己的猜
測畫上顏色；然後，我們會一一做實驗。」

教師巡視一下，確認幼兒是否了解上述說明與下一步要做的動作。

6. 等幼兒都在猜想欄畫好後（這時教師要觀察哪些幼兒是需要協助的再給予協助），就可以開始做實驗。

教師可以這樣說：「好，我看大家都已經畫好自己的猜測了，那我們開始實驗，看看你的猜測是否正確。」

7. 教師依照觀察紀錄表所列的道具，依序放到水盆裡，讓全班幼兒去觀察。

教師可以這樣說：「好，你們把看到的實驗結果，用彩色筆在表格上合適的位置畫上顏色。」（老師一邊說明，一邊看哪些學生需要協助，再給予協助）

（四）檢視與評估

查看幼兒表格完成的狀況，一一給予需要的回饋。

教師可以這樣說：「你們可以跟旁邊的小朋友互相討論和分享，但要照老師說的去完成表格的畫畫。」

（五）分享與總結

將觀察紀錄表驗證的部分跟幼兒確認。

教師可以這樣說：「我們從表格可以看到你們觀察到的，xx、yy、zz 是會沉的，aa、bb、cc 是會浮的。很棒，你們今天學會怎麼把想法和觀察到的東西記錄下來了。有興趣的小朋友可以在角落時間去角落做實驗，並練習填寫觀察紀錄表；今天還學到東西在『水』上的『沉』和『浮』，以後看到電影裡的潛水艇、海港裡看到的船，可以想一下我們今天做的實驗。」

參、活動三：水與健康

一、活動目標

1. 了解水與健康間的關係。
2. 了解與實踐健康式的喝水原則。

3. 會使用有刻度的杯子。

二、學習指標

認-中-2-1-1 依據序列整理自然現象或文化產物的數學訊息。

認-中-2-3-2 與他人討論生活物件特徵間的關係。

三、教學準備的材料和環境

有刻度的杯子或是水壺、消化系統圖、排泄系統圖（人體有很多運作的系統圖，看課程可以進行的時間來決定要運用幾個人體內系統圖，就準備多少圖）等。

四、教學流程

（一）引發動機

透過幼兒喝水的經驗以及每天喝水量的比較來開始課程。

教師可以這樣說：「小朋友，你們知道自己每天喝多少水？怎麼計算呢？是喝幾杯還是喝幾瓶？」

（二）了解幼兒

問一些幼兒對自己喝水有關的問題。

教師可以這樣說：「小朋友，人可不可以不喝水？為什麼不可以？我們身體哪裡有水？」

（三）活動步驟與過程

1. 透過各種人體內系統圖來說明「水」在人體消化和排泄運作中不可缺水的知識，讓幼兒了解水對健康的重要性。

   教師可以這樣說：「我們今天會看一些我們身體裡負責不同工作的器官系統，以及水在這些系統裡是不可少的。」

2. 透過消化系統圖說明「水」對身體的重要性。

   教師可以這樣說：「你們看，這個部分是消化系統（可以逐一介紹幾個重要的器官，尤其是胃、膽、腸），胃、膽、腸工作的時候需

要水，我們吃飯、吃點心、吃水果，吃下去的東西需要靠它們來消化後才能給我們力氣。沒有水，它們就沒辦法工作，我們也就不會有健康的身體。」（說明完之後可以發問，例如：有誰要針對吃進食物會需要「水」來幫忙的事，說說自己的想法？讓幼兒發表一些自己的看法和想法）

3. 透過排泄系統圖說明「水」對身體的重要性。

　　教師可以這樣說：「你們看，這個部分是排泄系統，就是我們身體生產出來的垃圾要運送到身體外的系統。我們身體會產出哪些垃圾呢？大便、小便、汗水、鼻涕等都是身體裡用了養分後產出的垃圾，裡面有很多的水分。這時候如果不喝水，身體就會不好了。」（說明完之後可以發問，例如：有誰要針對什麼時候需要「水」來幫忙的事，說說自己的想法？讓幼兒發表一些自己的看法和想法）

4. 了解身體需要「水」的事情後，開始帶領幼兒回憶自己每天飲水量的自主管理習慣。

　　教師可以這樣說：「好，大家知道我們為什麼要喝水的理由了，請問你們每天應該喝多少水？」（讓幼兒發言，引導用「量」的概念來回應，例如：每天喝幾杯水？這杯子可以裝多少水？）「這裡是有刻度的杯子（或水壺，教幼兒學會看刻度與閱讀刻度代表的意思等），這一杯是○○ cc 的水，你們可以用這個杯子量量看你每次喝水喝多少？算一下你一個上午喝幾次水？」「我們怎麼知道今天喝了多少水？怎麼知道喝夠了沒有？我們今天用這個杯子（○○ cc 的水）來量，你們這個年紀應該每天喝這個大小杯子○杯的水。」（教師要先定義杯子可以裝多少水，或是教導比較難的——用 cc 來記錄）「以後你們每天上午要喝○杯的水，下午也要喝○杯的水。你們可以在每喝一杯時就在聯絡簿今天這一頁裡找個空白地方劃正字號。」（老師要教幼兒何謂正字號，以及如何劃記——喝第一杯時劃一橫線、喝第二杯時在一橫線下劃一條垂直線……，老師一邊說明，一邊分解動作式的示範如何劃正字號）「每次喝水」要一小口一小口慢慢的喝，我們現在來練習一下如何

慢慢的喝。」[1]

（四）檢視與評估

檢視幼兒是否會用量杯來計算自己一天喝了多少水（用劃正字號方式練習），以及如何養成喝水的好習慣。

教師可以這樣說：「會不會用量杯來量自己每次喝水的量？注意喝水的好習慣可以增進你們的健康，會不會自動多喝水？」

教師可以請家長配合幼兒每天在校的應該喝水量，提醒幼兒是否在幼兒園裡要加水；教師可以觀察幼兒是否會注意自己的喝水次數與做紀錄。

（五）分享與總結

提醒幼兒喝水與健康間的關係，要自己注意自己每天的喝水量，要記錄下自己喝水的狀況。

教師可以這樣說：「今天我們學會怎麼用量杯來量自己一次喝水的量，也學會如何記錄自己每天在學校裡喝水的情況，接著就是你們要養成自己每天注意喝水是否喝夠的習慣。」

建議事項：

1. 除了可以用人體內系統圖來介紹與說明外，也可以用植栽方式讓幼兒明白「水」對身體／生命的重要性，例如：拿兩盆盆栽，一盆是一直按規定澆水的，另一盆則是很久沒澆水的（若時間許可，可以拿 2 盆相同種類的盆栽，放在充足陽光下，一盆澆水，一盆不澆水，看植物的性質，有的一天不澆水就葉子垂下了，有的一週不澆水也不會有影響。為了做實驗，要尋找不澆水很容易有狀況的盆栽

---

[1] 一個 5 歲 20 公斤的幼兒，一天至少喝 1500cc 的水。計算方式：幼兒前 10 公斤，每天每公斤需要 100cc 的水，例如：8 公斤每天就至少需要 800cc 的水、7 公斤需要 700cc 的水，以此類推；第 11～20 公斤，每天每公斤額外需要 50cc 的水，例如：一個 15 公斤的幼兒，每天水的最低需求是 10（公斤）×100（cc/公斤）＋5（公斤）×50（cc/公斤）＝1250cc（自由健康網，2020）。教師在教學時可以只教「杯」為單位，也可以只教「cc」為單位，也可以兩者都教，然後需要不斷的練習。

來使用）。過幾天之後，讓幼兒觀察 2 盆盆栽有什麼不同的變化，藉此讓幼兒了解水對生命（人、動物、植物）的重要性。

2. 此活動設計可能需要較多時間，可以分 2～3 次上課。

第一堂課：引發動機（呈現故事或情境圖）、探索材料的特性、記錄（初級程度：看著結果去記錄；中、高級程度：讓幼兒練習預測結果）。

第二堂課：了解程式／方法／過程／工具的使用、試作／實驗／記錄結果。

第三堂課：透過遊戲增加學習內容的難度，或是延伸、精進化活動，或是學習應用到生活上並做記錄。

單元三：水在生活中變魔術（高級）

單元三包含 2 個活動，重點在透過實驗來了解有些物質在水中是可以被溶解、影響溶解過程快慢的因素、可以在生活中運用「溶解」概念，以及學會使用計時器。

壹、活動一：撲通！看不見了！

一、活動目標

1. 了解家中的調味品，有些是可以溶解於水中，有些是無法溶解的。
2. 透過實驗了解看不見不等於沒有。
3. 學會記錄方式。

二、學習指標

認-大-2-3-1 依據特徵為生活物件分類並命名。

認-大-2-3-2 與他人討論生活物件特徵間的關係。

認-大-3-1-1 與同伴討論解決問題的方法，並與他人合作實際執行。

三、教學準備的材料和環境

鹽、砂糖、方糖、胡椒、麵粉、綠豆、炒菜油、實驗杯子 3 個、觀察紀錄表。

四、教學流程

（一）引發動機

透過日常生活中對於調味料與食材的認識，來引起幼兒的學習動機。

教師可以這樣說：「小朋友，猜猜看老師手上拿的是什麼？」（提示：是廚房裡常用的調味料，老師一邊依序問，一邊依序拿出方糖、鹽、砂糖等）

（二）了解幼兒

詢問幼兒是否有東西放到水裡，看到「溶解」的經驗。

教師可以這樣說：「小朋友，有沒有把糖、鹽巴或是炒菜油放到水裡玩的經驗？」

（三）活動步驟與過程

1. 將幼兒分組，並備好材料，將實驗用具先分組搭配好。

   教師可以這樣說：「今天我們玩的遊戲是找出哪些調味料是會『溶解』的，哪些不會。這裡有 3 杯水，每個杯子前面分別有砂糖、鹽巴、炒菜油，我們一個一個來放進水裡，你們猜猜看，哪個東西放進杯子攪拌後會看不見？」或是「放進去攪拌後看不見的物質，像是鹽巴、砂糖，是會被水『溶解』的；但也不是所有的東西都可以被水溶解，像油、胡椒、辣椒等就無法被水溶解。」（可以換水後，以不同的物質去試驗是否會溶解）

3. 將實驗工具與材料（一組 3 個杯子、實驗用的材料：每樣材料用小塑膠袋裝好，上面用圖案與文字標示材料名稱）發給每一組學生。

   教師可以這樣說：「老師剛剛發下實驗用的工具和材料，現在每組可以試試看哪些材料是會溶解的、哪些是不會溶解的。」

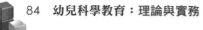

4. 提供觀察紀錄表（如表 4-5 所示）。

　　教師可以這樣說：「觀察每一個材料後就記錄一下。」

表 4-5　觀察紀錄表

用〇表示會溶解於水；用 ✕ 表示不會溶解於水

實驗前後＼調味料	砂糖	鹽	炒菜油
預測			
結果			

5. 讓幼兒了解看不見不等於沒有，用 3 杯已經有溶質的水做說明。

　　教師可以這樣說：「小朋友，這杯水看起來清清的，表示這裡面沒有東西了嗎？不是的，看來是清水的，是否真的是清水呢？這杯加了鹽巴的水，看不見鹽巴了，不表示這裡面沒有加東西進去。」

　　「你們在陌生環境裡，不要隨便用聞、嚐、摸的方式，去好奇看起來是『清水』的水。因為有時候那是很危險的。」（安全教育）

建議事項：

　　這段教學的目的在讓幼兒知道看起來是「清水」的，不一定是「清水」這件事；課堂上不要強調除了可以用看的方法外，還可以用聞聞看、嚐嚐看、摸摸看等方式去實驗來了解「清水」。因為，在教室裡是教師準備的材料，已經注意到安全問題了。

（四）檢視與評估

　　可以用問的或是檢視小組的觀察紀錄表。

　　教師可以這樣說：「所以剛剛的實驗結果，哪些是可以溶解的？哪些是無法溶解的？」

（五）分享與總結

　　教師可以這樣說：「今天，我們用一些常吃的調味料放到清水去做實驗，了解到像鹽巴、糖是可以溶解於水的；胡椒、麵粉、綠豆、炒菜油是不可溶解於水的。」

貳、活動二：為什麼有的冰糖一下子就不見，有的就不會呢？

一、活動目標

1. 養成實驗的嚴謹態度和方法。
2. 會在生活中應用「水溶解」的概念。
3. 學會使用和閱讀電子計時器。

二、學習指標

認-大-2-3-1 依據特徵為生活物件分類並命名。

認-大-2-3-2 與他人討論生活物件特徵間的關係。

認-大-3-1-1 與同伴討論解決問題的方法，並與他人合作實際執行。

三、教學準備的材料和環境

細鹽、大塊粗鹽、砂糖、方糖、冰糖、水（兩種溫度：攝氏 40 ～ 50 度和常溫）、電子計時器、實驗杯子數個、筷子。

四、教學流程

（一）引發動機

運用幼兒之前做過的「溶解」實驗，進一步增加實驗元素。

教師可以這樣說：「還記得我們上次做的用水溶解糖、鹽等調味料的實驗嗎？我們今天要做類似的實驗，但是會有一些變化。」

（二）了解幼兒

詢問幼兒在實驗時有沒有注意到影響溶解的時間問題。

教師可以這樣說：「上次我們做水溶解糖、鹽等調味料實驗時，有沒有小朋友注意到溶解調味料需要多少時間？」

（三）活動步驟與過程

1. 教導幼兒學習閱讀電子計時器。

　　教師可以這樣說：「我們先來學習看這個電子計時器。」（教師依照說明書內容教導幼兒基本用法，例如：開、關、閱讀數字、設定計時功能等）

2. 讓幼兒了解水溶解調味料時會有「時間」問題、影響溶解所需時間的因素有哪些。

　　教師可以這樣說：「我們這裡有 3 個杯子，每個杯子都是 50cc 的水，前面放的是 5 克（g）的冰糖。」（教師事先擺好）「我們請每組（分別為 A、B、C 三組）各 2 位自願到前面來的小朋友，分別負責一個杯子。」（一位小朋友負責計時，一位小朋友負責放冰糖後，聽教師的指示開始計時、放下冰糖，以及後續動作）

　　A 組：教師倒入 50cc 常溫水。學生不用做什麼，但要觀察、計時冰糖融化需要多久的時間。

　　B 組：教師倒入 50cc 攝氏 40～45 度的水。學生不用做什麼，但要觀察、計時冰糖融化需要多久的時間。

　　C 組：教師倒入 50cc 常溫水，學生用筷子不斷的攪拌，同時觀察、計時冰糖融化需要多久的時間。

　　教師在白板上畫個圖表，將冰糖溶解時間與水的條件（溫度：常溫、高溫；是否有攪拌器攪拌：有、沒有）結果畫出來。

　　教師可以這樣說：「有些物質是可以被溶解的，但溶解所需要的時間會因為某些條件的不同，使得溶解的速度有變化，例如：冰糖在溫度高的水中就比溫度低的水中要溶解的快；冰糖在同樣溫度的水中時，在有攪拌情況下比沒有攪拌情況下要溶解的快。」

（四）檢視與評估

　　確認幼兒了解水溶解調味料時會需要「時間」的問題。

　　教師可以這樣說：「我們把一塊冰糖放到水裡，冰糖就會立刻不見了嗎？是的，不會的，因為要溶解冰糖需要時間。」

（五）分享與總結

　　教導幼兒將今天的實驗結果（有辦法可以縮短溶解糖、鹽等可溶物質的時間）加以應用。

　　教師可以這樣說：「今天的實驗告訴我們，如果想要快點溶解水裡的糖或是鹽巴等可溶解物質時，是有辦法的，像是可以把水加熱，或是用筷子／攪拌器攪拌，甚至是兩種方法一起使用。在生活裡，我們有時候會要趕時間，這時候今天學的方法就可以用來節省時間囉。」

建議事項：

1. 這個活動用小組方式進行會更具體驗性。

2. 這個活動可以延伸為另一個後續可以進行、程度更深的活動設計，像是將影響因素分成兩組：一組是單一影響因素，另一組是兩個因素搭配在一起，看哪一組的溶解速度較快。例如：一組是用攝氏45度熱水去溶解糖，另一組則是用攝氏45度熱水＋用筷子攪拌，同樣性質與同分量的糖，看哪一組溶解的比較快。結論是：兩個影響因素（溫度與攪拌）加在一起，比用單一因素的影響力要大。

3. 另外一種實驗：將方糖以如下的方式切割：一組不切開、一組切成一半、一組切成四分之一，然後分別放到常溫杯＋攪拌，計時看溶解時間的差別。結論是：兩個影響因素〔體積大小（接觸水的面積大小）與攪拌〕加在一起，比用單一因素的影響力要大。

第四節　總結性活動分析與資料的運用

　　筆者嘗試將本章第二節和第三節的活動設計案例，依照第二章第二節和第三節的科學教育的目標與內容加以分析，如表 4-6 所示。資料的分類名稱與內涵，可以參看第二章第三節「科學核心概念」下的說明。從表 4-6 可以看到二個現象與意義性：

　　1. 靠一個活動／一個單元的設計是無法涵蓋所有科學性知識範疇的〔本章活動涉及到的科學範疇以科學（狹義的定義）和數學為主〕，因此科學領域的活動設計與教學要注意學習目標之針對性，以及必要時可以檢視選擇教學內容之完整性或是周延性。

　　2. 本章的活動設計或許因為是以實驗為設計的基本形式，因此每個單元都涵蓋科學核心概念、科學實踐性知識、跨學科性概念三類。

　　讀者可以將表 4-6 視為一個檢索表，根據科學教育的目標來選擇某一個活動或是某一個單元，再回到上面活動設計教案的部分去閱讀內容，只是本章各單元目標的類型極為相似。讀者也可以在整體運用時，進一步的分析、綜合、評鑑本章所設計的單元活動，然後自己進行創作，設計出更多、更豐富、更適合自己幼兒園、幼兒需要之想法的活動。

表 4-6　第四章的單元活動設計類別分析表

科學知識類別 活動設計類別	科學核心概念 STEM	科學實踐性知識	跨學科性概念
主題一「光與影」（初級） 單元一：影子的秘密 活動一：影子遊戲 活動二：有趣的影子 活動三：影子的朋友 活動四：會變化的影子	S	✓	✓

表 4-6　第四章的單元活動設計類別分析表（續）

科學知識類別 活動設計類別	科學核心概念 STEM	科學實踐性 知識	跨學科性概念
主題一「光與影」（中級） 單元二：奇妙的光影 活動一：光影的形狀 活動二：好玩的影子 活動三：神奇的光 活動四：遮陽傘	S	✓	✓
主題一「光與影」（高級） 單元三：光的世界 活動一：影子魔法師 活動二：吸油紙大變樣 活動三：化妝舞會	S	✓	✓
主題二「水與生活」（初級） 單元一：水的特性 活動一：生活中的水	S	✓	✓
主題二「水與生活」（中級） 單元二：水的應用 活動一：蒸汽、水與冰塊 活動二：誰會沉下去？誰會 　　　　浮起來？ 活動三：水與健康	S、M	✓	✓
主題二「水與生活」（高級） 單元三：水在生活中變魔術 活動一：撲通！看不見了！ 活動二：為什麼有的冰糖一 　　　　下子就不見，有的就 　　　　不會呢？	S、M	✓	✓

討論與分享

1. 請找一個幼兒園，選擇一個班級（大、中、小班）自行研發某一個單元的課程／教案（「一個單元」在每個幼兒園的上課時間長度不一，有的是 1 個月，有的是 2 個月，不太一定），然後 3 ～ 4 人一組，從難易度和連貫性程度分析其目標與內容的合宜程度。

2. 請找一個幼兒園，選擇一個班級（大、中、小班）自行研發某一個單元的課程／教案，分析其設計的框架與原則是否符合園方所描述和追求的理念。

3. 請找一個幼兒園的班級，3 ～ 4 人一組，觀察、分享與討論其上課流程是否有節奏性與步驟性，並提出問題與分享心得和看法。

4. 如果有試教機會，可以 2 ～ 3 人一組，與某一個幼兒園協調，使用本章第二節和第三節的教案進入某個班級試教，體會一下教學感受，並與帶班老師討論課程的規劃與教學需要改進之處（這個活動如果是在半年的實習階段，可以單元方式而不是一次性的活動方式試教）。

5. 如果有一個月或是一學期的實習機會，可以 2 ～ 3 人一組，使用本章第二節和第三節的教案，根據「幼兒園教保活動課程大綱」的學習指標修改活動目標，看看是否需要同步修改教學指導語；反之，如果先設計好活動步驟和指導語，再寫活動目標，是否容易達到單元目標；進而深思課程發展的形式是否合適先寫活動步驟，再寫活動目標。請陳述和分享理由。

6. 請 3 ～ 4 人一組，針對本章第二節和第三節的活動，選一個單元（或是一個活動），設計一個總結表格去分析每個活動設計在科學認知知識上的目標歸屬（或是分析一個活動也可以），再與本章第四節的表 4-6 做比較，找出差異點以及自己的觀點在哪裡（說明：此活動的目的在練習將活動設計與第二章第三節所提之科學專門知識相結合）。

第五章

結構性 STEM 課程 II：烹飪（點心、水果、沙拉的準備）課程

歐陽遠

　　本書第二章第二節提到，科學教育的目標包括：(1) 認知目標：要能在日常生活中運用習得的（科學）知識，依序逐步的解決生活中面臨之問題；(2) 情意目標：喜歡探索、實作，並有解決問題的意願和毅力等態度；(3) 技能目標：會使用一些合宜的工具來解決生活中的問題。

　　第四章主題單元的課程目標雖符合科學教育的目標，但在教學過程中，活動目標會很自然的偏向針對實驗和探索活動背後的核心概念來進行，而歸納學習的結論也會偏於核心概念之整理。實踐性知識和實踐過程會用到的工具，在第四章單元活動設計的目標就顯得比較少；同時，在 STEM 內容裡，有關數學領域的內涵在第四章的活動設計裡也比較少。本章運用烹飪活動設計補強這部分的目標與內容。

　　在過去十數年裡，很多幼兒園為了建構園本課程的特色，有些園是以

烹飪為其特色課程；同時，烹飪活動又是很能引發幼兒自主參與動機的內容。本章遂以「烹飪」為主題（包括點心、水果、沙拉的準備工作），來設計可以培養幼兒科學教育內涵裡強調的工具認識與應用，以及了解與精熟操作過程的步驟性／程序性知識、態度與技能；同時，也可以變成培養幼兒生活獨立能力的課程。

隨著幼兒年齡的增長，與實踐烹飪時需要的數學基本知識也隨之增加，包括：與數學有關的數概念（如數數、認寫數字、一對一的對應、分解合成、加減運算、序數等）、度量概念（如多少、大小、長短、輕重、厚薄、面積、體積、容積、單位、時間、快慢等）、圖形空間概念（如基本平面圖形、基本立體圖形、空間位置、圖案組成等）、邏輯關係概念（如推理、相關位置、分類、部分與全體、序列、前後順序、因果關係等），在實踐烹飪課程過程裡，即可以將這些概念放到教與學的活動目標裡。本章設計的教案在彈性上、生成性上都可由教師／使用者調整。本章第一節重點在烹飪課設計的原則與框架；第二節重點為烹飪課程設計案例的分享。

筆者要特別說明的是，網路上有很多可供教師參考的活動資源與影片，例如：「超過 8 款超簡單、成功率超高的親子美味整理」（https://reurl.cc/p5GGaQ）、「69 Easy Recipes Your Kids Can Make All By Themselves」（https://reurl.cc/My3DEm），以及 Pinterest 網站（https://reurl.cc/v6QXR1）等，運用網路上的設計，做為一次性或是強調亮眼的活動是很容易找到比本書來得更精彩的烹飪活動。因此，第二節的活動設計與介紹，請以課程與教學角度看待之，並請和本書第二章第二節、本章第一節的設計原則與框架整合來運用，才能達到幼兒科學教育的目標。

很多成人對於幼兒進廚房和接觸烹飪活動感到擔憂，但其實只要在成人的陪同和引導下，幼兒從 2 歲起就可以開始參與烹飪活動。不同年齡階段的幼兒參與烹飪活動的方式與程度取決於幼兒的發展與先備經驗，從參與一道點心的一個步驟（例如：洗藍莓、撥蛋殼、攪拌等）到跟著成人一步一步的引導製作餅乾，再逐漸能夠自己獨立製作餅乾（成人只是在旁監督），其過程不僅符合幼兒用五官探索的天性，也能幫助幼兒獲得科學的知識、嚴謹的態度和熟巧的技能。

第一節　課程設計的原則與框架

　　相較於第四章，本章的課程設計結構性較低、沒有單元概念（讀者若想要設計為單元式的烹飪課程也是可以），在課程設計時會強調和考量以下幾點。

壹、課程設計層面

一、目標

　　本章活動設計的科學教育目標大致可以分成以下五類：

1. 培養幼兒認識廚房各種不同功能的器皿之使用方式（對應第二章第三節科技領域提到的「對探究歷程或是問題解決歷程裡會用到的工具的認識」）。

2. 培養幼兒了解準備材料的工作（對應第二章第三節科學實踐性知識）。

3. 培養幼兒了解與應用點心、水果準備或是烹飪工作的程序（對應第二章第三節科學實踐性知識，即「能夠解決問題的程序和步驟」）。

4. 培養幼兒透過烹飪課的經驗，學會獨立、專注的準備工作（此屬於科學精神與態度的培養）。

5. 培養幼兒主動動手操作的能力（此屬於科學教育裡的技能學習）。

　　這五類目標的敘述與應用，需要與第二章第三節的內容相結合，這樣才能做到「運用」所學到的知識，「處理」所面臨的問題（強調「情境」的因素以及「問題解決」的過程與結果），不致於讓學習的結果脫離了科學教育的目標，而走向技能性成果的方向（筆者在此特別強調：多數的領域專門知識都會涉及到工具與材料的運用以及工作程序的學習，例如：美勞活動的學習，也會有美術工具、材料以及工作程序的學習，但因為學習內容的不同，其學習目標也會因為學科性質的不同而異）。

本章除了這五類的科學教育目標外，也運用了蒙特梭利教育裡「日常生活」領域活動設計背後的理念與目標。蒙氏「日常生活」領域活動主張：透過具體手動的學習過程、反覆練習、身體肌肉的使用，促使幼兒的精神進入專注狀態，培養幼兒的專注力、手眼協調能力、獨立心、意志力，進而達到身體、心智、精神的融合，且也是提供精細動作的練習機會（例如：幼兒運用削皮器、扭乾抹布、夾麵包等活動）（岩田陽子等人，1995）。這些目標在案例中並沒有寫出來，讀者可以根據自己的需要加上科學教育以外的目標。

　　讀者若要與新課綱的學習指標搭配，可以查對新課綱各素養教育的目標或是各領域學習指標表，依照自己想要針對科學領域以外的副學習，引用可以相對應的學習指標。

二、活動規劃原則

（一）難易度原則

　　教案設計的重點在於每個活動會涉及的工具與使用方式、所需的材料，以及工作的程序問題，因此難易程度是與幼兒對該工具及該工作的經驗、運用的熟悉度、幼兒的興趣相關性，以及所擁有的科學知識有關，例如：學會如何運用切蛋器和學會如何運用削皮器，兩者間的難度是：幼兒是否有看過及學過如何使用其中一樣的器具，若有的話，再學第二樣時就會相對的容易些；如果要做的工作涉及到數、量、（溫）度的認知程度問題時，難度就會增加。

（二）關聯性原則

　　本章各活動設計強調的是活動間之關聯性，若以「點心、水果之準備」所需要學習的各部分（工具、材料、製作過程）為核心來設計之活動，例如：目標是要幼兒學會準備「奶油麵包」當早點來吃，課程設計就會教導如何使用塗奶油的刀、要準備哪些材料、如何做的過程。這三個部分可以分開幾次來教與做，也可以合併一次來進行；又如：教導幼兒製作「小黃瓜火腿三明治」當早點，幼兒要學習如何用切黃瓜與火腿的工具、要學會如何用奶油刀將美乃滋塗抹在麵包上、要學會如何將切好的黃瓜

與火腿夾到塗抹好美乃滋的麵包上，直到做成「小黃瓜火腿三明治」的程序。這兩個活動設計是具有關聯性，但不需具有連貫性的原則去設計。

（三）生活化原則

學習內容的選取是與幼兒飲食生活有關聯、以真實情境設計、希望幼兒能夠將學習到做點心和水果準備工作的能力，運用到日常生活裡。

（四）做中學原則

無論是介紹食物準備所需的工具、材料或實際製作過程，都需透過反覆的示範、試作、練習過程，讓幼兒體驗與熟練所教導和操作的課程。

（五）培養科學精神與能力為主要原則

以動手做、動腦想，做為設計活動的原則，而不是以學習科學知識為最終目標。

（六）延伸性與變化原則

本章提供的教案均具有延伸之可能性，可將原來一個課時的設計延長教學時間或是教學次數，也可以加以變化成為另一個活動來進行。園方與教師可以透過模仿學習或是參考後，自行創作教學活動的設計。

三、材料與環境的準備

每一項工作都會有材料與工具的準備，有的幼兒園會有烹飪教室或是烹飪角，設備裡有烹飪必要的工具和材料。教師在上課前要做這些材料與環境上的準備工作。

四、時間的規劃

本章活動設計的教學時間可以與早點時間或是點心時間相搭配，讓學生為自己做早點或是點心。因此，若學校每日流程的時間規劃是小時段之設計，則活動設計的選擇要在 30 ～ 50 分鐘左右完成的時間；若教學目標會涉及到與「量」有關的活動設計時，時間可能就需要彈性拉長些；若學校的時間規劃屬於大時段的設計，則活動設計的選擇就可以加長些，讓學生有寬裕的時間，透過嘗試的機會去增加學習效果。

五、活動的變化或是延伸

本章的活動設計，其工作流程／步驟很多會是很相近的，不同的就是工具的使用或是材料的變換，因此讀者或教案使用者可以在更換工具或食材後，自己修改或是新設計教學的步驟與教案。

貳、實踐層面

一、教學形式

因為烹飪課涉及安全問題，因此建議採分組方式上課，若可以的話，請數位義工家長參與最佳。教師要讓每位幼兒都有自己操作的機會，並在幼兒間走動的巡視、小組式或是個別式的指導。

二、教學流程

本章的教學流程與第四章大致相同，將教學分成六個步驟：引發動機、告知學習目標與期待的表現結果、了解幼兒學習前的狀況、進行正式教學、檢視教學成效、與幼兒做學習的總結與摘要（請注意：以下案例只針對「進行正式教學」此一步驟，其他步驟可參考第四章設計）。

三、教師教學時的指導原則

1. 教學重點在養成幼兒會運用科學方法的操作、工具的使用，以及工作流程的意識與習慣。
2. 教導幼兒運用「觀察」教師的示範，然後學習到工具的使用方式、材料的準備內容，以及工作流程／程序／步驟。
3. 鼓勵幼兒勇於嘗試的「做」，透過做的過程建構認知的內容、技能的熟稔、態度上的積極性、專注力與毅力等情意態度上的養成。
4. 教案裡的教學步驟是一種建議而不是一種規定，那是寫給教師參考用的。在實際教學時，教師應注意觀察現場幼兒發生的問題，再加以處理和應變。

參、評量

　　評量指標可以幼兒是否會操作該工具、是否可以完成準備點心、水果、沙拉之工作等能力指標做為評量的依據，也可以根據「幼兒園教保活動課程大綱」（教育部，2017）的學習指標來設計評量內容。

第二節　烹飪（點心、水果、沙拉的準備）課程設計案例

　　配合幼兒對安全意識的認知與經驗的問題、對數、量、（溫）度的認知程度問題，教師選擇與設計的活動，建議以循序漸進的方式進行。本節「壹」的部分先介紹與使用簡單、適合幼兒的烹飪工具，從沒有單位、時間、重量、容量、溫度等測量和計算概念開始介紹和引入；在介紹工具如何使用時，會以在實際情境中「操作」的方式介紹，這就很自然的將食譜上的陳述性知識透過示範過程將程序性知識帶出來。本節「貳」的部分更強調實驗的性質，屬於朝深度上發展的活動設計。

壹、烹飪工具的介紹與使用

　　市面上的烹飪工具很多，筆者依據幼兒年齡、能力、教學目標的不同，將工具的選擇分類為：(1) 與食材單位和成果分量無關的小烹飪工具；(2) 與食材單位和成果分量有關的小烹飪工具。說明如下。

一、與食材單位和成果分量無關的小烹飪工具之介紹與使用

　　原則上，此項的烹飪活動設計不涉及測量切、壓、榨、捲、塗等小烹飪工具之功能，以及使用工具的動作練習。若教師想將此類活動難度增加，就可以進入到「二、與食材單位和成果分量有關之小烹飪工具」的活動設計範疇。

烘培工具之參考網站如下：

切：「14-Piece Montessori Kitchen Tools……」
　　（https://reurl.cc/Y0Ng7D）。

壓、榨：「Montessori Friendly Juicing Options for Kids」
　　（https://reurl.cc/8NMEG7）。

捲：「10 Best Sushi Making Kit For Kids」
　　（https://reurl.cc/3eEgNj）。

活動案例一

活動名稱：切蘋果

適用年齡：2 歲半以上

準備工作：

1. 觀察、了解與判斷幼兒對切、夾工具與動作的先備知識與經驗。

2. 環境的準備：(1) 教師對教學步驟的熟悉；(2) 教師對教學材料、工具的準備與布置。

活動目標：

1. 學會使用塊狀水果切割器、鑷子、小叉子、砧板等工具。

2. 學會切蘋果前、中、後的步驟 / 程序：準備切蘋果的工作、運用塊狀水果切割器切好蘋果、擺盤、自己享用或與其他幼兒分享、吃完後將用具收拾放到教師規定處。

3. 學會食物名稱：蘋果、果核。

4. 學會餐具與使用工具的名稱：塊狀水果切割器、碗、鑷子、小叉子、砧板、盤子、托盤。

材料：

塊狀水果切割器、蘋果、碗、鑷子、小叉子、砧板、盤子、托盤。

教學步驟：

1. 教師邀請幼兒：「今天我們要將蘋果切成一塊一塊，請小朋友跟我一起做。」

2. 教師示範洗手的流程與作法。

3. 教師洗好手後，從櫃子上取出裝有塊狀水果切割器、裝在碗裡的蘋果、鑷子、小叉子、砧板、盤子、托盤。

4. 教師一一介紹小烹飪工具的名稱和功用。

5. 安全教育：教師要先針對塊狀水果切割器的拿法與不可以做的動作做說明。

6. 教師示範塊狀水果切割器的使用方式：將蘋果放在砧板上，使用雙手將塊狀水果切割器放在蘋果上，然後用力往下按，蘋果就會依水果切割器的設計而分成多瓣的一塊一塊蘋果。讓幼兒自行使用，教師在旁監督。

7. 請幼兒用鑷子將切好的蘋果一一拿出來，放到盤子裡。

8. 用小叉子插在每塊蘋果上，讓幼兒自己吃或是在教室裡走動的與教師或其他幼兒分享。

9. 請幼兒收拾用具，並送到教師指定的位置。

變化延伸：

許多蔬菜、水果（如大番茄、梨子）、煮熟的蛋等，都可以用來練習塊狀水果切割器的使用，其活動目標只有食物名稱不同，但教學步驟大致相同。換著食材來練習，可以增加幼兒的經驗外，也可以增加他們操作練習的動機。

注意事項：

1. 不同工具與工作的安全教育是每次活動都要強調的教學內容。

2. 洗手、衛生觀念和習慣養成也是每次活動都要強調的教學內容。

活動案例二

活動名稱：切草莓

適用年齡：2 歲半以上

準備工作：

1. 觀察、了解與判斷幼兒對切、夾工具與動作的先備知識與經驗。

2. 環境的準備：(1) 教師對教學步驟的熟悉；(2) 教師對教學材料、工具的準備與布置。

活動目標：

1. 學會使用切片水果切割器、鑷子、小叉子、砧板等工具。
2. 學會切草莓的步驟／程序：準備切草莓的工作、運用切片水果切割器切好草莓、擺盤、自己享用或與其他幼兒分享、吃完後將用具收拾放到教師規定處。
3. 學會食物名稱：草莓。
4. 學會餐具與使用工具的名稱：切片水果切割器、碗、鑷子、小叉子、砧板、盤子、托盤。

材料：

切片水果切割器、蘋果、碗、鑷子、小叉子、砧板、盤子、托盤。

教學步驟：

1. 教師邀請幼兒：「今天我們要將草莓切成一塊一塊，請小朋友跟我一起做。」
2. 教師示範洗手的流程與作法。
3. 教師洗好手後，從櫃子上取出裝有切片水果切割器、裝在碗裡的草莓、鑷子、小叉子、砧板、盤子、托盤。
4. 教師一一介紹小烹飪工具的名稱和功用。
5. 安全教育：教師要先針對切片水果切割器的拿法與不可以做的動作做說明。
6. 教師示範切片水果切割器的使用方式：將草莓放在砧板上，使用雙手將切片水果切割器放在草莓上，然後用力往下按，草莓就會依水果切割器的設計而分成一片一片草莓。讓幼兒自行使用，教師在旁監督。
7. 請幼兒用鑷子將切好的草莓一一的拿出來，放到盤子裡。
8. 用小叉子插在每片草莓上，讓幼兒自己吃或是在教室裡走動的與教師或其他幼兒分享。
9. 請幼兒收拾用具，並送到教師指定的位置。

變化延伸：

許多蔬菜、水果（例如：蘋果、小黃瓜）、煮熟的蛋等，都可以用來練習使用切片水果切割器。

注意事項[1]：

1. 不同工具與工作的安全教育是每次活動都要強調的教學內容。

2. 洗手、衛生觀念和習慣養成也是每次活動都要強調的教學內容。

二、與食材單位和成果分量有關的小烹飪工具之介紹與使用

　　此類活動的性質可以再細分為「認識測量工具」和「遵循食譜」兩種。筆者採用循序漸進的方式，讓幼兒從熟悉烹飪測量工具，然後進階到一個統整性活動中去運用烹飪測量工具。精準測量和遵循步驟是烹飪活動的最重要技能，也是科學教育裡很重要的觀念與態度，因此分成兩個階段進行較有利於幼兒更好的參與到烹飪活動中之科學知、情、意上的學習。

（一）認識測量工具的活動設計

　　此類活動的教學目標有三：

　　1. 認識與熟悉測量小工具的名稱、功能、用法與適用時機。

　　2. 認識與熟悉測量小工具的用量表述方式（文字與繪圖）。

　　3. 預備幼兒閱讀食譜的知覺與能力。

　　此類活動主要在介紹涉及測量的烹飪工具之功能、測量單位和使用方式，例如：電子秤、量匙、量杯、量勺、溫度計、計時器。確定了第二類（遵循食譜）的活動內容後，制定第一類（認識測量工具）的活動內容，例如：「泡花茶活動」會用到溫度計、電子秤、計時器，教師就可預先分別介紹這三樣工具。此類的活動設計會需要一個測量工具（例如：量杯或電子秤）和相應可用此工具測量的原材料（例如：麵粉）。教師需認知到測量工具的功能往往決定測量單位（例如：電子秤是測量重量的工具；量杯和量勺是量度體積的工具），因此在挑選食譜時要留意其所使用的測量單位，以此選擇相應的測量工具。

　　在引導幼兒使用測量工具時可以發揮創意，重點在於示範測量方式，並讓幼兒有反覆練習的機會。此類活動很適合投放至角落，讓幼兒反覆練

1　之後的活動設計都有雷同的安全與衛生之注意事項，就不再贅述。

習用量杯（1 杯、1/2 杯、1/4 杯）測量麵粉、小米，甚至沙子。針對較小的幼兒可以不強調閱讀測量數字的表徵符號而著重在量即可，教師可以將 3 個不同大小的量杯貼上顏色貼紙，並且在題目卡上分別用相應的色標和杯子的大小做為提示，例如：在題目卡上，以紅色大量杯代表 1 杯、藍色中杯代表 1/2 杯，只要幼兒能辨識題目卡中的圖示所對應之量杯即可。以上設計的巧思也可以應用到後續第二類（遵循食譜）的幼兒食譜中，以保持閱讀的一致性。

活動案例

活動名稱：使用量杯

適用年齡：4 歲以上

準備工作：

1. 觀察、了解與判斷幼兒對數概念與度量概念的先備知識與經驗。

2. 環境的準備：(1) 教師對教學步驟的熟悉；(2) 教師對教學材料、工具的準備與布置。

活動目標：

1. 學會使用量杯。

2. 學會工具名稱：量杯、鏟子、量勺、碗、刮刀。

3. 學會量化的語言：克（g）、1 杯、1/2 杯、1/4 杯。

4. 學會依照食譜指示，量出需要的食材分量。

材料：

3 個不同容量的量杯：1、1/2、1/4（根據食譜而定）、鏟子、量勺、碗、刮刀、麵粉、題目卡。

教學步驟：

1. 教師告知幼兒：「今天我們要進行的活動是『使用量杯』。」

2. 教師拿出 3 個不同容積的量杯（1、1/2、1/4），介紹測量工具的名稱和功能：「這個是量杯，這是 1 杯，這是 1/2 杯，這是 1/4 杯。我們可以用這些杯子測量需要材料的重量。重量的單位是『克』。」

3. 教師拿出 1 杯的量杯，向幼兒說明要測量的量是 1 杯麵粉：「現在我要測量 1 杯麵粉。」

4. 教師示範用量勺將麵粉舀進 1 杯的量杯內直到裝滿，再用刀背將超過量杯的麵粉刮掉：「這是 1 杯麵粉。」

5. 教師找出 1 杯的題目卡放在 1 杯麵粉前：「這是 1 杯麵粉的表徵符號。」

6. 教師將 1 杯麵粉倒入空碗中：「這是 1 杯麵粉。」

7. 教師將碗內的麵粉倒回盛有麵粉的碗，並請幼兒嘗試測量 1 杯麵粉。

8. 教師接著重複上述 3 ～ 7 的步驟，介紹 1/2 杯和 1/4 杯。

9. 請幼兒挑選一張題目卡並測量出相應的量。當幼兒可以正確的測量 1 杯、1/2 杯、1/4 杯麵粉後，教師就可以離開讓幼兒獨自重複此活動。

變化延伸：

練習使用量匙、電子秤測量。

注意事項：

1. 不同工具與工作的安全教育是每次活動都要強調的教學內容。

2. 對比較小的幼兒來說，將題目卡和食譜中的運用圖示搭配測量數字符號之目的，是在幫助幼兒於理解數概念與度量概念前，依然可以學習使用測量工具測量，因此重點在於工具的使用與食譜的閱讀。但是，教師在示範教學的過程中，還是要用精準的語言表達測量的量和單位，以幫助幼兒學習正確的數概念與度量概念。

（二）遵循食譜的活動設計

此類活動的教與學目標有四：

1. 養成對工作步驟的了解和測量的技能。

2. 熟悉烹飪小工具的名稱、功能、用法與適用時機。

3. 認識與熟悉烹飪小工具的用量表述方式（文字與繪圖）。

4. 養成精準測量的認知、態度與習慣。

此類的烹飪活動多數為整合性活動，涉及測量與統整的步驟，其活動目標不再只停留在幫助幼兒使用單一工具或是只側重於單一動作，而是多個工具和步驟的整合。烹飪活動中常見的工具，都是教師可以著手引導幼兒認識與應用的部分。建議教師可根據幼兒的先備知識和能力，選擇合適

的工具類別，例如：較小年齡的幼兒可以從不涉及測量的工具開始熟悉，再逐漸引入測量的工具。

　　常用烘培工具之參考網站如下（如麵粉篩、烤盤、冷卻架、雞蛋分離器、瑪芬蛋糕烤模、桿麵棍、刮刀、打蛋器等）：「Baking With Kids」（https://reurl.cc/Oj3ZKX）。

　　常用烘培測量工具之參考網站如下（如溫度計、量杯與量匙、電子磅秤、挖勺、矽膠防沾工作墊、計時器、沙漏等）：「Baking」（https://reurl.cc/m0581M）。

　　此類包含但不限於飲品調製、飲品沖泡等活動，活動會涉及測量，精準測量對成品的成功與否或是品質會有顯著因果關係上之影響。此類的活動建議教師根據幼兒的年齡、經驗與能力，提供幼兒合宜的食譜。對還不會讀數學表徵符號的幼兒，可以提供圖像輔助文字的食譜，運用「大」、「中」、「小」不同尺寸的圖示以及色標，搭配特定量的數學符號，例如：3 克可用「一個小湯匙」及相應的圖案代表、1/2 杯可用「中杯子」及相應的圖案代表（不論食譜的圖示如何表示，在實際的活動中一定要用標準量杯測量）。若幼兒對將會應用到的工具不熟悉，教師可以回頭參考和應用前述「使用量杯」活動，選擇一次介紹單一或多種測量的單位和項目，直到教師覺得幼兒對這些先備知識和技能，能分別理解與操作時再進行下述的「泡花茶」和「烤燕麥餅乾」活動。此階段還強調，教師帶領幼兒閱讀與按照食譜進行烹飪活動，從中培養幼兒學習閱讀食譜並有意識的進行測量。這些目標不需要一次性的達成，需要看幼兒的條件，依序和逐步的提出。以泡花茶為例，如果打算進行一個較為簡單的活動，教師教學時可以先分別引導幼兒計算泡茶的時間（時間）、計算或測量花材的量（數量或重量），以及水的溫度（溫度），但也可以透過讓幼兒按步驟進行，透過過程來整合運用以上的工具，後者就會增加了活動難度。

　　閱讀食譜的教學建議如下：筆者先前有提過，設計一份適合幼兒的食譜應可以適當的運用圖像輔助文字，並用不同大小、色標及數量的杯子代替抽象的數學表徵符號。建議教師可以將食譜的字體和圖片放大並列印出來，布置在烹飪教室的幼兒工作桌上，以便讓幼兒得以更好的閱讀。教師在挑選食譜時，應優先考慮健康和步驟簡單為原則，例如：泡花茶和調製

蜂蜜檸檬汁是相對簡單的活動。以燕麥餅乾食譜為例（如圖 5-1 所示），
建議教師按下列順序介紹食譜的元素：

1. 辨識食材

　　首先，教師可以引導幼兒觀察食譜中的插圖（如圖 5-1 所示），鼓勵
幼兒說出他們認得的食材名稱：「製作燕麥餅乾時，我們會需要什麼食
材？你覺得這個圖案是什麼食材？你有沒有在家裡見過這個食材？」

2. 閱讀每個食材的量及認識相應的測量工具

　　介紹完食材後，教師可以指著圖 5-1，按著從上往下的順序逐一引導
幼兒每個食材所需要的量與單位：「現在我們知道了製作燕麥餅乾需要麵
粉，但需要多少麵粉呢？麵粉圖案旁邊有一個小黃杯，小黃杯代表的是
1/4 杯，這表示我們需要 1/4 杯麵粉。」

　　建議教師可以在介紹量的同時出示測量的烹飪工具，幫助幼兒將烹飪
測量工具與食譜的圖案一一對應。介紹完每一個食材所需要準備的量和相
應的測量工具後，教師可以接著和幼兒一起備料，將每一個食材測量好後
放置在一個獨立的碗中。

3. 介紹閱讀食譜的順序與方向

　　最後，教師介紹閱讀食譜的順序與方向，也就是操作的步驟和程序，
請幼兒根據食譜將已測量好的食材進行混合。

　　教師可以指著第一步驟，一邊舉著篩子，一邊說：「第一步，我們要
將食材過篩後放入盆中，將各種乾的食材加以攪拌到均勻程度。請問第一
步有哪些食材？為什麼我們要把乾的食材單獨混合？」

　　教師透過提問幫助幼兒學會看著食譜做，並且嘗試說明烹飪步驟的意
義性（例如：乾的食材需要先獨立混合，再與液體混合，這樣就比較容易
攪拌均勻）。

圖 5-1　燕麥餅乾食譜

1　將乾食材過篩，放入盆中攪拌均勻

　　1/4 杯麵粉

　　1 茶匙小蘇打粉

　　1 茶匙鹽

2　將奶油、糖放入碗裡
　　用電動攪拌器打發

　　2 湯匙奶油

　　1/4 杯糖

3　在打發好的奶油和糖的盆中加入 2 顆雞蛋

4　加入 1 杯即食燕麥，攪拌均勻

5　將所有食材放入一個盆中攪拌均勻

6　使用挖勺將麵糊放置烤盤上

7　放入攝氏 190 度烤箱，計時 10 分鐘　190 度　10 分鐘

8　使用鏟子將餅乾移至冷卻架上　10 分鐘

活動案例一

活動名稱：泡花茶

適用年齡：3 歲以上

準備工作：

1. 觀察、了解與判斷幼兒對泡茶工具、數概念與度量概念的先備知識與經驗。

2. 環境的準備：(1) 教師對教學步驟的熟悉；(2) 教師對教學材料、工具的準備與布置。

活動目標：

1. 學會原料名稱：洛神花、熱水。

2. 學會餐具與使用工具的名稱：溫度計、電子計時器（或 3 分鐘的沙漏）、快煮壺、耐高溫盛水壺、茶壺、濾網、鑷子、茶杯、托盤、清潔抹布、電子秤。

3. 學會使用溫度計、電子計時器（或 3 分鐘的沙漏）、快煮壺、耐高溫盛水壺、茶壺、濾網、鑷子、茶杯、清潔抹布、電子秤等工具（這個目標可以單獨以一個活動來操作，可回頭參考前述「使用量杯」活動，直到教師覺得幼兒對這些先備知識、技能可分別理解與操作時，再進行以下目標的活動）。

4. 學會泡茶的步驟／程序：準備泡茶的工作、運用茶壺與濾網、自己享用或與其他幼兒分享、喝完茶後用抹布擦拭桌面、將用具收拾放到教師規定處。

材料：

洛神花、熱水、溫度計、電子計時器（或 3 分鐘的沙漏）、快煮壺、耐高溫盛水壺（需要加上隔熱不燙手的壺套）、茶壺、濾網、鑷子、茶杯、托盤、清潔抹布、電子秤。

教學步驟：

1. 教師告知幼兒：「今天我們要進行的活動是『泡花茶』。」

2. 教師介紹材料名稱、泡茶工具的功能。

3. 教師先提示泡茶的熱水有危險性，要注意並且安全的使用方式，接著示

範如何使用快煮壺煮水。（註：涉及電器的步驟需成人全程陪同或是由成人處理熱水的部分）。

4. 水燒開後，教師示範將熱水倒入耐高溫盛水壺中，並用溫度計測量水溫，並向幼兒說明泡花茶要用攝氏 70 度水溫的熱水，因此需要耐心等待水降溫（註：涉及高溫水的步驟需成人全程陪同或是由成人處理熱水的部分）。

5. 教師示範用電子秤測量 2 克的洛神花，放入茶壺中的濾網裡，並邀請幼兒嘗試測量花材的量。

6. 教師示範將熱水倒入茶壺中並淹蓋過洛神花。

7. 教師示範使用電子計時器計時 3 分鐘（註：針對年齡比較小的幼兒，教師可以用 3 分鐘的沙漏取代電子計時器），3 分鐘後將茶壺裡的花茶分別倒入杯子。

8. 教師邀請小朋友一起享用泡好的花茶。

9. 請幼兒收拾用具，並送到教師指定的位置。

變化延伸：

可替換成無咖啡因的花茶。

活動案例二

活動名稱：烤燕麥餅乾

使用年齡：5 歲以上

準備工作：

1. 觀察、了解與判斷幼兒對烹飪工具、測量工具、數概念與度量概念的先備知識與經驗。

2. 環境的準備：(1) 教師對教學步驟的熟悉；(2) 教師對教學材料、工具的準備與布置。

活動目標：

1. 學會原料名稱：麵粉、小蘇打粉、鹽、奶油、白糖、雞蛋、即食燕麥。

2. 學會餐具與使用工具的名稱：過濾篩網、打蛋器、電動攪拌器、攪拌盆、刮刀、量／挖勺、烤盤、烤箱、防沾烤紙、鏟子、冷卻架、計時器、隔熱手套、夾子。

3. 學會使用過濾篩網、打蛋器、電動攪拌器、攪拌盆、刮刀、量／挖勺、烤盤、烤箱、防沾烤紙、鏟子、冷卻架、計時器、隔熱手套、夾子等工具。
4. 學會看食譜、學會準備原料（包含運用測量工具）。
5. 學會照著食譜的步驟進行烹飪。
6. 學會與其他幼兒分享烹飪好的成品。
7. 學會烹飪後清理，並將用具收拾放到教師規定處。

材料：

燕麥餅乾食譜（如圖 5-1 所示）、過濾篩網、打蛋器、電動攪拌器、攪拌盆、刮刀、量／挖勺、烤盤、烤箱、防沾烤紙、鏟子、冷卻架、計時器、隔熱手套、夾子、麵粉、小蘇打粉、鹽、奶油、白糖、雞蛋、即食燕麥。

教學步驟：

1. 教師告知幼兒：「今天我們要進行的活動是『烤燕麥餅乾』。」
2. 教師介紹食譜閱讀的順序（從上到下），並在之後的每個步驟提醒幼兒參照食譜。
3. 教師示範按食譜準備部分乾食材（麵粉、小蘇打粉、鹽），使用量杯和量勺分別測量三者的量，並放置在 3 個小碗裡。（註：第一次可邀請幼兒嘗試測量，之後讓幼兒在教師的陪同下自行測量。）
4. 教師示範將過濾篩網放置在一個攪拌盆上方，再邀請幼兒將準備好的麵粉、小蘇打粉、鹽倒進過濾篩網。完成後示範用打蛋器將乾食材攪拌均勻。
5. 教師示範按食譜準備奶油和白糖：使用量杯和量勺分別測量奶油和白糖的量，並放置在同一個攪拌盆中（註：第一次可邀請幼兒嘗試測量，之後讓幼兒在教師的陪同下自行測量）。
6. 教師示範使用電動攪拌器（最低速）將奶油和白糖打均勻，並邀請幼兒一起完成。
7. 教師示範在奶油和白糖的攪拌盆中分別加入 2 顆雞蛋，用電動攪拌器攪拌均勻，並邀請幼兒一起完成。
8. 教師示範在奶油和白糖的攪拌盆中加入 1 杯即食燕麥，用刮刀攪拌均勻，並邀請幼兒一起完成。

9. 教師示範將乾食材倒入奶油混合物中，並用刮刀攪拌均勻，形成麵糰。

10. 教師示範將防沾烤紙平鋪在烤盤上。

11. 教師示範用挖勺將麵糊舀到烤盤上，並邀請幼兒一起完成。

12. 教師示範參照食譜預熱烤箱。

13. 教師示範參照食譜使用計時器，並用隔熱手套將餅乾送進烤箱。

14. 計時器響了之後，教師示範用隔熱手套將餅乾從烤箱中拿出來（建議涉及烤箱的步驟由教師來操作）。

15. 教師示範用鏟子將部分餅乾從烤盤上移至冷卻架上冷卻，然後邀請幼兒繼續完成將剩下的餅乾從烤盤上移至冷卻架上冷卻的工作（由於烤盤的溫度較高，教師需要全程陪同）。

16. 教師邀請幼兒參照食譜使用計時器，說明剛出爐的餅乾需要時間冷卻才能享用。

17. 教師示範如何清洗烹飪用具和擦拭桌面。

18. 計時器響了之後，教師邀請幼兒用夾子將餅乾移至盤子中。

19. 教師告知幼兒可以自己享用或與其他幼兒一起享用烤好的燕麥餅乾。

20. 請幼兒收拾用具，並送到教師指定的位置。

變化延伸：

可以將燕麥餅乾加入不同的堅果與水果乾。

貳、強調實驗性質的活動設計

　　上述「認識測量工具」的活動是側重於烹飪工具的認識與練習，「遵循食譜」的活動設計則是教案，本小節活動偏於強調程序性、跨領域概念的烹飪活動。

　　有的教育工作者主張：為了讓幼兒有「探索」的經驗，因此不會事先提供食譜，而是讓幼兒嘗試的自行加入不同材料之成分去做出成品，或是不會強調製作過程的步驟。本章呈現的是偏於結構性課程，本小節設計課程的理念是：不反對引導幼兒在熟悉食譜的基礎上操弄變項，當幼兒在有基本烹飪經驗與基礎的烹飪知識後，透過實驗的過程，增加幼兒思考、觀察因果關係的機會；透過簡單變項的操弄（這部分就是教師透過教學步驟

與教學過程中傳遞出的資訊），經過多次具變化性的實驗和記錄後，再透過紀錄表來做經驗歸納的過程；教學過程中會強調變項的操弄、觀察與記錄。

一、因果關係和穩定與變化的關係

　　就活動的實驗性而言，教師可以鼓勵幼兒在熟悉食譜的基礎上操弄變項，例如：嘗試調整單一材料的量、溫度的高低，或是時間的長短，以探究變項的變化對成果的影響（像是調整水和麵粉的比例，看麵包的外觀、口味、口感等有什麼變化）。幼兒在本節「遵循食譜」的活動中已經歷過一些變項的變化會帶來改變，例如：「溫度」會使食材產生變化，有些食物和材料遇熱會變軟（像是米、奶油），有些食物一經加熱會凝固變硬（像是雞蛋）。當幼兒經歷過這些變項的變化所帶來改變後，就可以開始讓其透過已有的經驗來建構因果關係之概念（做什麼事情會產生什麼結果）。

　　引導幼兒在熟悉的食譜上操弄單一變項，不僅能幫助幼兒深入認識不同材料的功能，還能協助幼兒建構「穩定與變化」的概念，例如：發粉能增加食物的蓬鬆度，但如果不單獨調整發粉的用量，幼兒很難真的理解發粉的作用，也就不會知道發粉的多與少對成品的外觀（蓬鬆或扁塌）和口感的影響（產生酸味或鹹味）。教師可透過在烹飪活動中操弄單一材料的量，將學習「難點」孤立化，再逐一增加操弄一個以上材料的量，來提升活動的難度與挑戰性。在鼓勵幼兒調整材料的用量時，盡可能給他們一些指引，建議先從單一材料的「有」和「沒有」間做比較，目的在於凸顯出「材料的功能」以及「製造」一個「顯著的差別」。當幼兒理解材料的功能和「加或不加」之結果後，教師可以在需要以及情境許可的情況下，再繼續引導幼兒實驗加入「不同程度的量」對成品之影響。以下為以泡花茶為例子操弄洛神花之量的實驗教學（註：幼兒階段的實驗重點在於控制變項之概念，因此不需要太過複雜，盡可能一次操弄一個變項即可，其餘變項維持不變）。

活動案例

活動名稱：泡花茶

適用年齡：5 歲以上

準備工作：

1. 觀察、了解與判斷幼兒對泡茶工具、數概念與度量概念的先備知識與經驗。

2. 環境的準備：(1) 教師對教學步驟的熟悉；(2) 教師對教學材料、工具的準備與布置。

活動目標：

1. 學會原料名稱：洛神花、熱水。

2. 學會餐具與使用工具的名稱：溫度計、電子計時器（或 3 分鐘的沙漏）、快煮壺、耐高溫盛水壺、茶壺、濾網、鑷子、茶杯、托盤、清潔抹布、電子秤。

3. 學會使用溫度計、電子計時器（或 3 分鐘的沙漏）、快煮壺、耐高溫盛水壺、茶壺、濾網、鑷子、茶杯、托盤、清潔抹布、電子秤等工具（這個目標可以單獨以一個活動來操作，可回頭參考前述「使用量杯」活動，直到教師覺得幼兒對這些先備知識、技能可分別理解與操作時，再進行以下目標的活動）。

4. 學會泡茶的步驟／程序：準備泡茶的工作、運用茶壺與濾網、自己享用或與其他幼兒分享、喝完茶後用抹布擦拭桌面、將用具收拾放到教師規定處。

材料：

洛神花、熱水、溫度計、電子計時器（或 3 分鐘的沙漏）、快煮壺、耐高溫盛水壺（需要加上隔熱不燙手的壺套）、茶壺、濾網、鑷子、茶杯、托盤、清潔抹布、電子秤。

教學步驟：

1. 教師告知幼兒：「今天我們要進行的活動是實驗洛神花的量對花茶的影響。」

2. 教師請幼兒命名材料和泡茶工具。

3. 教師監督幼兒使用快煮壺煮水，並提示泡茶的熱水有危險性，要注意並且安全的使用方式（註：涉及電器的步驟需成人全程陪同）。

4. 水燒開後，教師示範將熱水倒入耐高溫盛水壺中，並邀請幼兒用溫度計測量水溫直到水溫降至攝氏 70 度（註：涉及高溫水的步驟需成人全程陪同）。

5. 教師邀請幼兒用電子秤分別測量 1 克和 3 克的洛神花，放入 2 個茶壺中的濾網裡。

6. 教師邀請幼兒將熱水倒入茶壺中並淹蓋過洛神花。

7. 教師邀請幼兒使用電子計時器計時 3 分鐘（註：針對年齡比較小的幼兒，教師可以用 3 分鐘的沙漏取代電子計時器），3 分鐘後將茶壺裡的花茶分別倒入杯子。

8. 教師邀請幼兒用觀察紀錄表（如表 5-1 所示）記錄 2 壺洛神花茶的味道，並總結洛神花的量如何影響口味和顏色。

注意事項：

1. 花茶的選擇：原則上，適合幼兒飲用的茶飲應以無咖啡因、天然為評斷指標。教師可以靈活選擇適合孩子飲用的茶飲取代洛神花茶，例如：菊花茶、玫瑰花茶、烏梅茶、南非茶等。選擇的食材會直接影響幼兒在實驗過程中之觀察與記錄，因此教師還需要進一步考量原料的多少對茶飲的影響是否可以透過感官（視覺、聽覺、味覺、觸覺、嗅覺）感受到差異。就以上的實驗教案為例，洛神花的多與少會影響花茶之色澤和口味，這兩個變項都是可以透過視覺和味覺感知到的，教師可以根據可被觀察到的現象，設計相應的觀察表支持幼兒進行記錄（如表 5-1 所示）。

2. 觀察紀錄表的設計：為了幫助幼兒更好的閱讀、理解及使用紀錄表，其設計可以適當的使用圖像表徵輔助文字（如用鼻子的圖像表徵代表氣味）、用圓圈的大小表示一個觀察變項的不同程度（如茶的口味從淡到濃；茶的氣味從弱到強），以及用塗色或畫圈的方式記錄他們所觀察到的現象（如表 5-1 所示）。一份精心設計好的觀察紀錄表是需要教師的指導，以幫助幼兒能更好的理解與運用，例如：教師必須說明不同大小的圓圈所代表的意思、記錄的方式是塗色還是畫圈，並針對每一個觀察變項舉例說明。

表 5-1　泡花茶的觀察紀錄表

幼兒姓名＿＿＿＿＿＿　　　　　　日期＿＿＿＿＿＿

實驗變項：洛神花的量（克）

花茶的量	1 克	3 克
顏色	淺 ●●● 深	淺 ●●● 深
口味	淡 ●●● 濃	淡 ●●● 濃
氣味	弱 ●●● 強	弱 ●●● 強

二、比例與數量

　　烹飪中充滿了比例與數量的概念，只有在掌握了材料間的比例關係，才可以得到理想的成果（外觀、口感、味道），這也就是為什麼精準測量是烹飪活動中的重要目標之一。「比」是用來表示兩個數量間的對應關係，而這樣的對應關係賦予了成果意義。教師可以運用任何食譜引導幼兒學習比例的意義，例如：小美用了 2 杯麵粉和 1 杯奶油製作出餅乾麵糰，能以「2：1」表示 2 杯麵粉和 1 杯奶油的對應關係，也就是一個食材的量會影響另一個食材的量，兩種量的對應關係所賦予的意義就是餅乾的濃郁程度。在使用一些比較複雜的餅乾食譜時，只要掌握了麵粉和奶油的固定比例，然後再搭配其他的材料，即可製作出不同口味的餅乾；幼兒在烹飪活動的過程中會逐漸發現，增加一個材料的用量會影響另一個材料的用量，如果沒有按照食譜的比例就會產生不同的後果。

教師可以在任何的烹飪活動中，透過比較大小、量化材料、加入比例概念、引入分數概念等方式，幫助幼兒建立比例與數量的概念，說明如下。

（一）比較大小

　　教師示範使用不同大小的量杯和量匙，讓幼兒觀察並比較它們的大小。教師可以透過提問的方式培養幼兒量的概念，例如：問幼兒哪一個量杯比較大，哪一個量杯比較小。

（二）量化材料

　　引導幼兒使用量杯和量匙測量食材並倒入容器中，例如：量一杯麵粉、半杯糖等，此有助於幫助幼兒具體的理解不同量之概念。

（三）加入「比」和「比例」概念的學習

　　教師引導幼兒比較一個食譜中不同食材的比例，並介紹比的數學表徵符號「：」；教師可以這樣提問：「一杯麵粉和半杯糖的比例是多少，我們如何用數學符號來表示？如果一個食譜只能做出 2 塊餅乾，但有 4 個小朋友要一起分享，若要讓每個人可以吃到一片餅乾，我們就需要將食材的量增加為 2 倍，也就是乘以 2。」教師也可以這樣引導幼兒：「當我們有 2 杯麵粉，需要加多少糖才可以達到麵粉與糖兩者間的比例是 1：1？」由於比和比例是非常抽象的概念（「比例」概念比「比」概念要難），對幼兒來說需要透過反覆的接觸和練習才能理解，因此不需要為了教比和比例而進行烹飪活動，而是應該透過烹飪活動潛移默化的建構「比」和「比例」的概念。

（四）引入「分數」概念的學習

　　烹飪食譜裡常常會有分數的文字（如圖 5-1 所示），將一杯麵粉分成兩半，每半份就是 1/2 杯。教師可以與幼兒一起進行切分一個完整披薩的活動，引導幼兒認識 1、1/2 和 1/4 的量，再介紹對應的分數數學表徵，使得量與數透過具象的方式結合在一起。

三、結構與功能

　　教師可以在任何的烹飪活動中幫助幼兒建立結構與功能之概念，例如：牛奶、雞蛋、白糖、麵粉和奶油在西點烘培中是不可或缺的食材，且各自有其重要的作用。教師可以逐一向幼兒介紹不同食材的功能，例如：牛奶在烘培製作中的功能不僅是增加麵糰濕度和風味，還鞏固了麵包的結構，使得麵糰在烤的過程中不易塌陷。教師也可以在幼兒熟悉不同食材的功能及結構後引入替代食材的概念，例如：追求健康或其他飲食習慣的話，可以使用低脂優酪乳或其他植物奶（豆奶、杏仁奶等）代替全脂牛奶。以下說明透過探索食材、觀察變化、品嚐和評價等方式，幫助幼兒建立結構與功能的概念。

（一）探索食材

　　教師可以選取烹飪活動的食材，讓幼兒透過感官探索，例如：在製作燕麥餅乾的活動中，教師可以讓幼兒觸摸和嗅聞，以味覺探索糖的結構並提問：「糖摸起來是什麼感覺？糖是什麼顏色？糖聞起來是什麼味道？糖吃起來是什麼味道？」

（二）觀察變化

　　在混合食材的過程中，教師可以儘量鼓勵幼兒觀察食材的變化，例如：當幼兒將麵粉與液體混合時，讓他們看到麵粉如何逐漸變成糊狀，從中提醒幼兒麵粉和液體食材的特性。教師也可以設計觀察紀錄表，讓幼兒記錄下加入不同量液體的麵糊狀態，例如：加半杯水時，麵粉呈現出麵糰的狀態，加一杯水時，麵粉呈現出麵糊的狀態。

（三）品嚐和評價

　　教師可以在活動後與幼兒一起品嚐烹飪好的食物，並透過提問引導幼兒討論口感和味道，目的在引導他們思考食材的結構如何影響食物的味道和質地，例如：雞蛋在麵包和餅乾中的功能是截然不同的，教師應該在不同的兒童食譜中點出同一個食材的不同功能。就製作麵包而言，蛋清在麵包中主要是增加成品的彈性，同時增加麵包的含水量，使得口感能夠更加

鬆軟；但在製作餅乾中，蛋清主要有著平衡餅乾和麵糊濕度的作用，如果餅乾中的蛋清含量較高，口感會較脆，而蛋黃含量較高口感則會更酥鬆。教師可以設計如表 5-1 的觀察紀錄表，幫助幼兒鞏固不同食材在不同食譜中的功能，以此建立結構與功能的關係與概念。

參、總結性活動分析與資料的運用

筆者嘗試將本節「壹、烹飪工具的介紹與使用」和「貳、強調實驗性質的活動設計」之活動設計案例，依照第二章第二節和第三節科學教育的目標與內容加以分析，如表 5-2 所示。表 5-2 顯示，本章的幾個活動設計在科學核心概念與知識上的內涵，並不容易做到每一個活動都涵蓋 STEM 的每一個範疇，其主要原因是：透過烹飪來推動幼兒科學教育時，烹飪本身內涵的特質，導致在學前階段不容易涉及到工程方面的概念（例如：熱力學、熱傳遞、機械工程、結構工程等核心的概念與知能）。以下的建議做為補充，提供適合在學齡前階段，更豐富化工程領域相關內涵的作法：

1. 測量與精準度：烹飪和烘培需要對食材進行精確測量。幼兒可以透過使用量杯和量勺來測量麵粉、白糖和液體等食材，從中學習關於準確性和精準度的知識與習慣。教師還可以引導幼兒探討遵循食譜的原則，以獲得穩定和一致性結果的重要性。

2. 記錄與儲存：教師可以強調在烹飪中養成記錄的習慣，如同工程師記錄他們的工作一樣。幼兒可以透過圖畫、著色、注音等方式，記下食材、測量和觀察結果，以追蹤他們的烹飪和烘培實驗過程與結果。

3. 團隊的分工與合作：鼓勵幼兒在廚房中一起完成烹飪或烘培活動，促進團隊的分工、合作和溝通。

在設計活動時，會因為食譜的選擇而涉及到不同深度與廣度之工程領域知識與概念，例如：教師如果想引導結構工程相關的知識，可以在製作像薑餅屋或多層蛋糕等點心時，示範和引導幼兒反覆的觀察、實作與討論，了解與學會使用糖霜或牙籤等材料創建穩固的結構，但在調製飲品的食譜中就不容易去傳遞相同的目標與內容。

雖然教師可以分科／分領域／分範疇的方式，將知識進行分類，進而檢視活動中學科知識的覆蓋性，但同時也必須認知到 STEM 教育並非是四個科學領域知能的加總，而是將科學、科技、工程、數學整合在一起，聯結生活中不同情境的問題，幫助幼兒主動思考，並創造出問題解決的方法；因此，跨學科性概念的學習活動，需要更費心的設計。表 5-2 的目的在將本章活動設計予以表格化的整理，除了讓讀者更容易對各個活動有一個鳥瞰的概念外，還可以在整體運用時，進一步的分析、綜合、評鑑本章所設計的活動，再透過自己的創作，設計出更多、更豐富化、更適合自己幼兒園和幼兒需要的想法之活動。

表 5-2　第五章的活動設計類別分析表

科學知識類別　　　　活動設計類別	科學核心概念 STEM	科學實踐性知識	跨學科性概念
與食材單位和成果分量無關的小烹飪工具之介紹與使用	S、T		
與食材單位和成果分量有關的小烹飪工具之介紹與使用： 1.認識測量工具的活動設計	S、T、E、M	✓	
與食材單位和成果分量有關的小烹飪工具之介紹與使用： 2.遵循食譜的活動設計	S、T、E、M	✓	
強調實驗性質的活動設計： 1.因果關係和穩定與變化的關係	S、T、E、M	✓	✓
強調實驗性質的活動設計： 2.比例與數量	S、T、M	✓	✓
強調實驗性質的活動設計： 3.結構與功能	S、T、E、M	✓	✓

討論與分享

1. 安排試教機會，可以 2 ～ 3 人一組，與某個幼兒園協調，用本章第二節「壹、烹飪工具的介紹與使用」裡的活動設計，進入某個班級試教，體會一下教學的感受，並與帶班教師討論活動的設計與教學需要改進的地方。

2. 如果有實習機會，可以 2 ～ 3 人一組，用本章第二節「壹、烹飪工具的介紹與使用」裡的活動設計，根據「幼兒園教保活動課程大綱」的學習指標來書寫該活動的學習指標，並在實習教學後分享活動設計與教學心得。

3. 請設計一份介紹與使用與單位無關的烹飪小工具之活動設計，並在試教後，寫出課程設計與教學感想。

4. 請設計一份介紹與使用涉及單位的烹飪小工具之活動設計，並在試教後，寫出課程設計與教學感想。

5. 請到實體烹飪店或是網上烹飪店，瀏覽還有哪些烹飪工具是可以介紹給幼兒的。

6. 請 2 ～ 3 人一組，根據第二章第二節的內容來規劃活動目標，設計一個烹飪的教學活動後，透過實習的經驗，再寫出心得與反思報告。

7. 請針對本章第二節設計的活動，加以評論後，提出個人從中學到以及可以加以修改的論述。

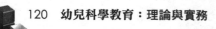

第六章

方案式 STEM 課程 I：
生命科學課程

陳淑敏 ■

前言

　　本章方案課程的產生受到諸多理論之影響，包括：Piaget 的知識發生論、Vygotsky 的社會建構論，以及植基於 Piaget 與 Vygotsky 理論的 Reggio 方案課程模式。此外，還受到從 1980 年代以來對幼兒科學先期概念（preconception）的諸多研究之影響。

　　個體從與周遭物理世界的互動所建構之知識，被稱為先期概念、質樸理論（naïve theory），或迷思概念（misconception），Piaget 是最先開始針對兒童在生命科學、物理及數邏輯等領域的先期概念進行研究之人。筆者為了解國內幼兒教師對幼兒科學先期概念的理解，以及她們／他們如何進行科學領域的教學，故與幼兒教師合作進行此課程研究。

方案課程的特色有三：(1) 從幼兒所熟悉的環境中，選一特定的主題進行深入之探究；(2) 鼓勵幼兒透過提問與解題去了解周遭有意義的現象；(3) 課程的主要目標是啟迪兒童的心靈，包括：知識與技能、情感、道德（Katz & Chard, 1990）。

　　上述論點是本方案課程設計與教學實施的重要依據。除此之外，義大利 Reggio Emilia 地區的幼教系統所實施之課程，其理論觀點也是本方案課程的重要參考。Reggio Emilia 幼教系統的教學理念受到諸多教育哲學觀點之影響，包括 Piaget 主張的「兒童會主動建構以了解周遭世界」。該幼教系統創辦人 Malaguzzi 認為，兒童會主動透過計畫、統整多個觀點、抽象化等心智活動，從日常生活中尋找意義，也指出該幼教系統重視成人與兒童間如何合作建構意義的脈絡（Edwards et al., 1993）。

　　與 Malaguzzi 共事多年的 Rinaldi 則認為，Reggio 課程重視兒童與同儕、教師、父母及社會文化環境之聯結、溝通與互動。她曾將 Reggio 課程與傳統課程加以比較後指出，傳統的課程計畫有預定之一般性目標和每個活動之具體目標，而 Reggio 課程雖然有預定的一般性目標，但沒有預先制定每個活動的具體目標，教師是根據對兒童的了解和過去的教學經驗推測課程之可能發展。根據這樣的推測所形成之目標是有彈性的，能隨著兒童的需要和興趣而調整。在開始一個方案時，教師應該聚集在一起，充分討論方案預期發展的所有可能方式，同時考慮兒童可能的想法、假設和選擇。

第一節　準備與設計階段

壹、準備階段

一、成立學習社群定期研討

　　一開始，筆者邀請一所有兩個班級的公立幼兒園之 4 位教師和 1 位實習教師組成學習社群，以教學實務成長為目標。該社群都是利用週三下午

的教師進修時間進行研習，總共進行 15 次。

二、探討建構論與社會建構論及建構取向的教學實例

筆者提供建構論與社會建構論及建構取向的教學實例之書面資料，請社群成員（以下簡稱學員）事先閱讀，以期在下週的研討能提出自己的觀點與疑問，由此共同建構對所要進行課程的理論背景之了解，並構思如何提供鷹架以引導幼兒建構科學知識。

第一次的研討，學員針對所閱讀的書籍《幼稚園自然事象・數量形教學設計》（岡田正章，1996）進行討論。以下是討論的片段（以下「凌」指凌老師，「研」指研究者）。

學習社群討論實例一

　凌：我覺得那些教學都相當好，我們要做到那樣幾乎不大可能，或許　　　是國情不同吧！

　研：我們不是要做到和他們一樣。我在看這個教學實例時，我會特別　　　注意教師對孩子的觀察、在何時介入孩子的活動，以及如何透過　　　問題或情境安排去引導孩子的學習。

在第三次的研討中，學員再度提到提問的困難。以下擷取討論的片段。

學習社群討論實例二

　凌：問問題很不容易。〔凌老師舉出其在教學所發生的情形，說出要　　　問一個好的問題相當不容易〕

　研：確實不容易，對我而言也不是容易的事。問問題有一些原則，要　　　常常問「為什麼」、「如何」等問題。除了知道這些原則之外，　　　還要經常去練習。〔研究者舉自己的教學為例〕

　凌：如果在討論之後，有些孩子仍然沒有正確的知識，要不要告訴他　　　呢？

　研：我們要繼續提供機會引導他們去建構知識。

貳、設計階段

一、選擇課程主題與課程實施方式

　　學員之中，超過半數是在農村長大，植物領域的知識較為豐富，所以課程主題的選擇以生命科學為優先考量。此外，筆者也針對當時國外有關幼兒「生物」與「生長」概念的文獻進行探討。經過共同討論之後，決定的教學主題是「植物的生長」和「動物的生長」。

　　本課程要探究的科學問題是：「植物與動物需要生存的型式是什麼」及「植物與動物的生長經歷怎樣的變化型式」。在「植物的生長」課程中，首先擬定討論「什麼是生物」，以評量幼兒的先期概念；接著提出「植物生長需要什麼」，引導幼兒進入科學探究活動。在「動物的生長」課程中，進行的程序類似。之後的教學活動有些是事先安排，例如：校外教學、種植植物、飼養動物；有些是根據幼兒的想法進行，例如：如何驗證植物需要養分、陽光才能生長；有些則是後來衍生，例如：照顧動物和植物的各項工作。

　　總之，本方案課程雖然有預定的一般性目標，但沒有預先制定所有活動及其具體目標，教師須從觀察幼兒的學習行為和傾聽幼兒的談話，去推測或引導課程可能的發展。

二、課程設計原則

（一）調整作息時間

　　在設計課程時，首先要面對的困難是幼兒園零碎而片斷之作息時間。以下是當時的討論片段。

学習社群討論實例三

　　凌：「養兔子」的活動似乎進行了很長一段時間，而我們活動都是斷斷續續，不夠完整和連貫。

　　研：為什麼會這樣？

凌：每天的作息都很固定，時間都是片段的，活動實施有現實的限
　　制。比方說，點心時間到了，活動就被截斷了。你能叫孩子不吃
　　點心嗎？

研：學校有規定作息時間嗎？

凌：沒有。我們的自主權其實蠻大的。

　　討論之後，決定由教師發給幼兒家長同意書，並說明供應點心或早餐
的優缺點。家長大多同意取消早上的點心，改成供應早餐。調整後的作息
時間如表 6-1 所示。

表 6-1　幼兒園的每日作息時間表

時間　　　　星期	一	二	三	四	五
8:00-8:30	早餐	早餐	早餐	早餐	早餐
8:30-9:10	戶外遊戲	戶外遊戲	戶外遊戲	戶外遊戲	戶外遊戲
9:10-9:40(1) 9:10-11:00(2) 9:10-11:30(3) 9:40-11:30(4)	方案課程： 團體討論 分組活動 (3)	律動 (1) 方案課程： 團體討論 分組活動 (4)	方案課程： 團體討論 分組活動 (2)	方案課程： 團體討論 分組活動 (3)	律動 (1) 方案課程： 團體討論 分組活動 (4)

註：引自陳淑敏（2001，頁 43）。

（二）課程設計原則

　　課程設計秉持下列四項原則：(1) 教師適當提問，引導幼兒進行科學
探究；(2) 觀察幼兒的學習行為，並傾聽幼兒的談話，由此發展課程；(3)
儘量提供幼兒觀察與體驗大自然的機會；(4) 充分利用學校和社區的環境
資源。

（三）教學目標

　　本方案課程的教學目標如下：

1. 幼兒展現探究生物生長的動機與積極的學習態度。
2. 幼兒習得系統性蒐集與整理資料的能力。
3. 幼兒能建構植物與動物的成長變化型式。
4. 幼兒能建構植物與動物（包括人類）生存所需要的型式。

參、課程發展流程

一、植物的生長

「植物的生長」課程發展流程如表 6-2 所示。

表 6-2　「植物的生長」課程發展時間軸

活動 ＼ 月份	12	1	2	3	4	5	6
學習社群定期研討	━	━			━	━	
訂定教學主題 & 設計課程		━			━	━	
評估幼兒先期概念 & 提出科學探究問題				━			
辨識校園生物				━			
驗證植物生存所需要素（陽光、養分）				━	━		
分組種植（播種、澆水）				━	━		
農改場植物觀察 & 記錄				╴			
討論澆水方式 & 澆水量				━	━		
蒐集植物生長的第一手資料				━	━	━	
討論 & 製作防蟲措施				━	━		
師院校園植物踏查				╴			
製作植物生長小書							━
高潮活動：製作綠豆冰							╴

二、動物的生長

「動物的生長」課程發展流程如表 6-3 所示。

表 6-3　「動物的生長」課程發展時間軸

月份 活動	12	1	2	3	4	5	6
學習社群定期研討	━	━		━	━	━	
訂定教學主題 & 設計課程	━	━				━	
評估幼兒先期概念 & 提出科學探究問題						━	
分組布置小動物的生長環境						━	
分組飼養與照顧（餵食、清潔居所）						━	
蒐集動物成長的第一手資料							━
探討動物成長的變化							━
總結性評量							━

第二節　教學實施

　　「植物的生長」和「動物的生長」兩個教學主題都是在探討生物生長，且課程實施時間有部分重疊，在「動物的生長」結束時已近學期尾聲，而「植物的生長」也必須同時結束，因此這兩個主題的總結性評量同時實施。

　　本課程實施的過程之中，教學與評量並行，不斷透過評量去了解幼兒對所要學習概念的理解，並根據評量去發展後續的課程，所以此二者之間

可謂相輔相成。但是，考慮這兩個教學主題的延續性，也要兼顧課程與教學評量實施的先後順序，本節先呈現課程實施情形。至於教學評量的部分，下一節再合併討論。

壹、「植物的生長」課程

由教師提出問題，除了引導課程的發展外，還可評量幼兒對所要探究問題相關概念的了解，以做為後續教學的參考。

一、提出科學探究問題，兼做前評量

（一）探討「生物」概念

教學首日，進行猜謎遊戲。教師出示內有各類種子的神秘袋，請幼兒觸摸袋裡的東西，並請幼兒從大小、形狀和柔軟度猜測是什麼東西。幼兒若無法猜出，教師可出示袋中之物（以下「然」指幼兒名字，依此類推）。

團體討論實例一

老師：現在我們來看看它是什麼？

然　：種子。

老師：你認為它是種子？

然　：對。

老師：你認為它是活的，還是死的？

幼兒：活的。

幼兒：死掉的。

老師：它是有生命的嗎？

幼兒：有啊。

幼兒：沒有。

老師：你怎麼知道它是有生命的？

幼兒：因為它是種子，種下去就發芽。

對於「種子是否有生命」的問題，幼兒的看法不一，所以值得去探究。接著，教師拿出一些圖片，和幼兒討論圖片中的實物是否具有生命。第二天，教師也帶領幼兒去校園踏查，辨識所見之物是否具有生命。

（二）探討影響植物生長的因素

　　討論校園踏查活動，並引出所要探究的問題。

團體討論實例二

老師：昨天我們去校園貼「是死的，還是活的」，有人問：「樹是死的，還是活的？」

幼兒：活的。

老師：那些樹最早的時候是什麼東西？

幼兒：種子。

老師：你認為種子是活的，還是死的？

幼兒：活的。

幼兒：死掉的。

老師：我們怎麼證明種子是活的？

幼兒：它會長大。

老師：那它要怎樣才會長大？

幼兒：吸收養分。

幼兒：放在泥土裡面。

幼兒：水分。

幼兒：還要曬太陽，讓它休息。

〔老師將幼兒提到的生長條件，一一寫在黑板上〕

幼兒：它還會吸收養分。

老師：它會自己吸收養分，還是我們另外給它養分？

幼兒：它有根，它會吸收泥土裡的養分。

璿　：我知道怎麼種。杯子，放衛生紙在裡面，然後加水，把豆子放到裡面。

然　：我覺得是放在盆子，我的盆子比較大一點，盆子裡放石頭，因

為盆子裡有洞洞。

老師：石頭，然後放什麼？

然　：然後再放上泥土，然後再放樹苗進去。

透過討論，導出了本課程所要探究的問題——「植物生長需要什麼」。此外，幼兒還提出了驗證植物是否具有生命的方法——種植。

二、分組種植，驗證幼兒的觀點

接續幾天，師生根據前述討論，合作進行植物生長要素的驗證。

（一）養分

1. 將綠豆分別種在棉花、衛生紙和培養土：前述所提是乙班進行的討論，甲班的流程大致相同，不過該班是將綠豆種在棉花、沙土和培養土。
2. 檢視種在棉花、沙土和培養土的綠豆之生長情形：播種 13 天之後，甲班教師將綠豆搬進教室和幼兒討論。

團體討論實例三

老師：誰能告訴我，它〔指著種在沙土的綠豆〕到底有多高？

幼兒：它第二高。

老師：你怎麼知道它第二高？

軒　：像一把尺。

老師：多長的尺？

老師：好。你去拿尺來量看看，是不是一把尺這麼高？我們來看看，
　　　好，有沒有像軒說的，和一把尺一樣高？

幼兒：有。

老師：有耶，可是，是每一棵都這樣，還是……

幼兒：那邊最高的那一棵沒有。

老師：那一棵最高的……好～你來量量看。哦！果然沒有，我們來看
　　　看。真的沒有耶！它比這把尺還要……

幼兒：高。

------------ 篇幅所限，部分省略 ------------

老師：吸管比綠豆高，是不是？好，這樣表示什麼？文怎麼量都覺得吸管比那裡（種在沙土的）任何一棵綠豆都還要高！剛才軒量這邊（種在培養土的），綠豆高還是吸管高？

幼兒：綠豆高。

老師：我們也來量一量種在棉花的綠豆，好不好？

幼兒：棉花的比較矮。

老師：棉花這盆有的是半根吸管這麼高，有的是比半根吸管還要高一點，對不對？我要問你們喔，我看誰比較屬害，想一想，這三盆綠豆，我們是同時種下去的，對不對？

幼兒：對。

老師：對，為什麼有的長得比較高，有的長得比較矮？

幼兒：長得比較高是肥料比較多呀。

老師：培養土的肥料比較多。還有誰有不一樣的說法？

幼兒：因為它生長的時間不一樣。

老師：什麼叫生長的時間不一樣？我們把綠豆撒下去都是同一天，對不對？

幼兒：喝東西的時間不一樣。

老師：喝什麼東西？

幼兒：喝水。

老師：好，我來問問看時間有沒有不一樣？請照顧這三盆的小朋友站起來。我問你們，你們每天去澆水的時候，有沒有三盆一起澆，還是只澆一盆？

幼兒：有。

幼兒：比較大的喝比較多，所以長得比較高。

老師：喝水喝得比較多就會長得比較大？

幼兒：對呀！還有肥料吃得比較多。

老師：種在棉花的有沒有肥料吃？沙土和培養土，哪個肥料多？

幼兒：培養土。

老師：我再問一次，你們聽清楚，如果老師把棉花鋪到裝培養土的盆
　　　子，而且鋪得跟培養土一樣高，然後也來種綠豆，這兩盆比起
　　　來，哪一盆會長得比較高？

幼兒：培養土的。

老師：贊成培養土的會長得比較高的舉手，手放下。你認為棉花的
　　　會長得比較高的舉手，一個。你認為兩盆會一樣高的舉手，一
　　　票、兩票。

　　從綠豆在棉花、沙土和培養土的生長情形，絕大部分幼兒都能推論：
養分是影響綠豆生長的要素。但是，還有少數幼兒未能做此推論，所以教
師提議重新實驗，而幼兒們也都贊成。

　　當天，師生立即合作重新種植綠豆在棉花和培養土（只針對棉花和培
養土是因為先前討論時，有幼兒認為棉花只是薄薄的一層，如果將棉花
多墊幾層和培養土一樣高，種在其上的綠豆苗就會和種在培養土的一樣
高），並請 2 名幼兒負責澆水。

　　經過 42 天，綠豆苗長到相當高度時，教師再和幼兒討論。以下呈現
討論的片段。

　　團體討論實例四

老師：你們記得我們上次的實驗嗎？就是一樣高的培養土和棉花種綠
　　　豆呀，看誰長得好，還是一樣好？現在你看它們兩個有什麼不
　　　一樣？

筑　：培養土的比較高。

俊　：培養土的葉子比較多。

老師：還有嗎？

靜　：還有培養土的莖長得比較長，棉花的長得比較短。

老師：上次你們不是說只要一樣高的培養土和棉花，種出來就會一樣
　　　嗎？

幼兒：〔大家搖頭〕不是啊！

老師：為什麼不是？

幼兒：因為培養土的養分比較多，所以長得比較好。

文　：植物適合在土裡生長，因為土裡養分比較多，棉花的養分少，
　　　所以種在土裡長得比較好。

　　經過再次驗證，全班幼兒已經做出結論：「養分多寡影響植物生長的
良窳。」不過，這段時間相當漫長，若不是本課程原本就預定要讓幼兒進
行長期而深入的探究，根本就無法回答最初所提出的問題。

（二）陽光

　　在驗證陽光是否為植物的生長要素時，幼兒提出三個方法，其中「用
箱子把它蓋起來」是較為可行的方法。幼兒在種下蛇瓜並且蓋上紙箱之
後，經過 17 天，教師將紙箱掀開，請幼兒比較有陽光和沒有陽光的蛇瓜
生長之差異。

團體討論實例五

　　老師：這棵被箱子蓋住的蛇瓜，有沒有陽光？

　　幼兒：沒有。

　　老師：你們看種在外面的蛇瓜，跟這棵蛇瓜有哪裡不一樣？

　　屏　：它的莖是白色的，外面的莖都是綠色的。

　　老師：給它一點點陽光，就變綠色的嗎？

　　程　：不是，要很久。

　　老師：要很久？天天都要有陽光嗎？

　　幼兒：〔兩位〕對！

　　老師：我們來試試看，讓它出去天天照太陽，看它會不會變綠？

　　過了 7 天，搬到戶外的蛇瓜莖葉都已變成綠色，師生再度討論並做出
結論：植物生長需要陽光。

（三）空氣

　　在討論如何驗證「空氣是植物生長的要素」時，因為幼兒無法提出適
當方法，所以最後沒有去執行此驗證。以下是當時討論的片段。

團體討論實例六

老師：要怎麼樣讓我們種的東西沒有空氣啊？

程　：就是種好的時候，把箱子蓋起來。

老師：我們來試試看，好不好？

幼兒：好。

老師：請問裡面的東西要澆水嗎？

程　：如果不澆水、不給曬太陽會死掉。

老師：可是把箱子都封起來的話，要怎麼澆水？

程　：那這樣好了，把箱子割一個小洞，裝了水，再從箱子上面的洞
　　　放進去。

老師：那個小洞就會跑空氣進去了啊。

屏　：不會，就這樣大就不會有空氣進去了。

程　：我們要倒水下去的話，先裝一桶水放在那邊，等要澆水的時
　　　候，拿起來澆一澆，然後再關上。

老師：這樣是不是又有空氣跑進去了？

　　接續的討論還是沒有提出適當方法，可以讓兩盆植物在都有養分、陽光和水，而其中一盆有空氣、另一盆沒有空氣下生長一段時間，再來比較它們成長的差異。所以這個驗證沒有進行。

（四）水

　　水是植物生長的要素之一，幼兒從生活經驗，似乎都已知道種植物需要澆水，所以未針對此因素去驗證。

三、澆水不當衍生的問題

　　在為進行前述驗證而播種的同時，師生又將神秘袋裡的其他植物種子，如綠豆、小白菜等，陸續在裝了培養土的種植箱播種。教師提供幼兒自由選擇要種植哪一種植物，再以 3 人一組為原則進行播種。

　　植物需要水是幼兒都具備的知識。播種之後，澆水是每日例行的工作。可能是對自己所種植物的生長有所期待，也可能是因為澆水時可以順

便玩水，所以有些幼兒常常去澆水。然而，這些幼兒並不知道：澆水過量會導致植物根部腐爛，甚至死亡。同組幼兒因為澆水的問題起了爭執，或向老師報告。以下呈現戶外觀察時間，事件發生時師生之間的對話。

戶外分組活動實例一

　　彥　：老師，庭幫我們澆過水，光還一直澆。

　　老師：你覺得這樣好不好？

　　光　：我只有澆一點點而已。

　　彥　：他剛才一直澆。

　　老師：上次黃老師說怎麼澆水？

　　光　：我也不知道。

　　老師：你都沒有注意聽喔？

　　光　：我去洗抹布，又沒聽到，我在外面啊。

　　老師：我現在告訴你，上次我們討論是澆過水要讓水全部吃下去，才能再澆，上面還很濕，就要再等一下。

　　彥　：他看到上面濕的，還拼命澆。

　　光　：上面有點乾乾的。

　　老師：你覺得上面有點乾乾的就澆了，是不是？你覺得現在可以了，是不是？

　　光　：可以了。

　　　除了澆水過多的問題，還有澆水方式不當造成植物傾倒的問題。老師都觀察到這些問題，因此提出來討論，一方面讓幼兒集思廣益，提出解決問題的方法，同時提醒全班幼兒，以免同樣的問題再度發生。

團體討論實例七

　　老師：我想請問你們有沒有發現一個問題？假裝這個是我們種植物的盆子〔手持淺水盆〕，誰告訴我，你用什麼澆水？

　　幼兒：澆水壺和水桶，還有澆水器。

　　老師：你澆水的時候是怎麼澆的？

幼兒：澆在土的上面。

老師：澆在土的上面喔？有沒有澆到綠豆？

幼兒：有。

老師：還是從綠豆的上面澆？〔老師請幼兒拿來澆水器假裝澆水〕直接從上面澆，對不對？

幼兒：對。

老師：你們也是這樣澆水嗎？其他人？

幼兒：是。

幼兒：不是。

老師：你有沒有發現，當你的水從上面澆下去的時候，你種的植物發生什麼情況？

C1　：葉子掉下來。

C2　：變歪了。

C3　：倒下來了。

老師：這樣澆水，你的植物都彎腰了，倒在泥土裡了。怎麼辦？

C4　：用手去摳起來。

老師：萬一摳不起來呢？

雅　：就讓它長歪的啊。

老師：但是，有的不是這樣就長歪了，有的就一直不起來，然後就爛在泥土裡了。

雅　：不是，他可以澆其他的地方。澆它的邊邊。

老師：我們請頻來試試看，怎麼澆它的邊邊，才不會讓植物倒下來。

〔幼兒紛紛提出各種方法，老師也請他們動作示範，並比較各種方法的優劣，請幼兒思考哪一個方法適合用在自己種的植物〕

　　植物需要水才能生存似乎是幼兒早已具備的知識，但是澆水方式不當和水量過多也會造成植物死亡是很多幼兒不知道的事實。有些幼兒在照顧植物中，觀察到並建構了知識；另有些幼兒則是從團體討論「知道」這個事實，這樣習得的知識只達到本書第一篇所載 Bloom（1956）的學習目標之最低層次：「記憶」；而在「戶外分組活動實例一」的男孩光，甚至

連最低的「記憶」層次都沒達到。

四、蒐集植物生長的第一手資料

要了解植物的生長，透過長期觀察與記錄來蒐集資料是主要方法，如何進行觀察與記錄則需要教導。

（一）如何觀察與記錄植物的生長

每天早上的澆水時間，除了澆水，同組幼兒會談論、觀察與記錄其所種的植物。幼兒主要是以紙筆進行，但有些幼兒常常是畫其所想，而非畫其所見，且未聚焦在所種的植物上。因此，教師利用團體時間提出討論。

團體討論實例八

老師：這是昨天璿的觀察紀錄，我們給第三組看一下，第二組也要看。我先問璿，請問你這張是畫什麼？

璿　：綠豆跟小白菜。

老師：請問小朋友，你剛剛看到璿的這張，你看到什麼？

C1　：花。

C2　：太陽。

C3　：貓咪。

C4　：雲。

老師：請問你有沒有看到璿畫的綠豆跟小白菜？

C5　：有。

C6　：沒有。

老師：請你想想看，如果是你，你要告訴別人我們種的東西，不管是小白菜、綠豆、蛇瓜、波斯菊、向日葵，你想要告訴別人它現在的樣子的話，要怎麼畫才好？

然　：把它先畫綠色，然後再把旁邊畫花瓣和紅色，最後裡面再畫黑色。

老師：你說的是把我要觀察的植物著上顏色嗎？

然　：因為向日葵它本來就是黃色，然後裡面是黑色。

老師：你們的向日葵已經有黃色的？
〔然搖頭〕

老師：還沒有嘛。你認為要怎麼畫才能讓別人一看就知道你們種的小
　　　白菜是長這個樣子？

程　：它長得什麼樣子，你就畫什麼樣子。

老師：我知道了，如果它長兩片葉子，你就畫……

幼兒：兩片葉子。

程　：如果它有三片葉子，第三片葉子是長這邊，你就畫這樣。

　　經過這次討論，幼兒在做觀察與記錄時，比較能聚焦在所種植物，且
能將它的現狀畫下來。

（二）記錄植物生長的高度變化

　　除了外型的變化，高度是植物成長的另一個指標。下面的例子是教師
對幼兒如何蒐集植物高度資料的引導。

戶外分組活動實例二

信　：發芽了。

老師：把它現在的樣子畫下來。

〔幼兒分散各處，邊看邊畫〕

老師：就比你畫的那棵。

〔幼兒將彩色筆插在泥土上，丈量植物的高度〕

C1　：我比這棵最高。

〔老師和幼兒湊過去量最高的那棵〕

C2　：超過了耶！〔超過一支彩色筆的高度〕

〔老師將彩色筆放在幼兒剛剛畫的植物旁〕

老師：我們剛剛比，它有多高？到這裡了〔彩色筆的頂端〕，對不
　　　對？你的比較小一點〔彩色筆一半高〕，你可以畫它現在的樣
　　　子，畫畫看。

最初在丈量植物高度時，幼兒都以紀錄用的彩色筆進行。當植物的高度超過一支彩色筆所能丈量時，幼兒就改用尺來丈量。

戶外分組活動實例三

　　珊：看哦！

　　〔將尺豎立在土上，蒜苗旁〕

　　信：一樣啊！

　　〔將另一支尺豎立在蒜苗的另一邊〕

　　信：向日葵。

　　〔指著旁邊的一株植物〕

　　珊：放這裡啊。〔拿起尺〕這個好高喔！

　　珊：〔將尺放到信的尺上〕這樣連起來能不能啊？

　　信：一支尺還不能耶。

　　〔信和珊一起看加起來的長度〕

　　珊：19 了。

　　信：18、19、20。哇！20 了耶！到 20 了耶！哇塞！

　　----------- 省略 -----------

　　信：這次才可以量到 20。你知道……這樣子，哇！多高的蒜苗啊！
　　　　蒜苗寶貝啊！〔開始畫下蒜苗的高度〕蒜苗最高了！這是全世界
　　　　最高的蒜苗！唉唷！你看！

　　這 2 名幼兒所丈量的蒜苗高度，超過了他們帶至戶外的直尺長度，所以 2 人合作將各人的尺連接起來丈量。

五、蟲蟲危害

　　播種之後過了約莫半個月，有些植物開始遭遇蟲害。師生因而進行討論。

（一）討論治蟲的方法

團體討論實例九

老師：你去澆水的時候，有沒有發現，長出來的植物有一點小問題
　　　呢？

C1　：被蟲咬。

老師：你的被蟲咬了嗎？

C1　：被螞蟻咬葉子。

老師：是螞蟻嗎？你看到的是螞蟻嗎？

幼兒：我覺得是螞蟻，因為……

C2　：有些是毛毛蟲。

老師：你的植物有被蟲、螞蟻咬的舉手。好，手放下。大家來想想辦
　　　法，怎麼辦？

軒　：灑毒藥進去……把蟲抓掉。

老師：灑毒藥進去？

C3　：植物就會被毒死呢。

軒　：不是，就是像那些給蟲毒死的藥。

老師：殺蟲劑嗎？

頻　：灑農藥，那個農夫在灑的東西。

老師：農藥可能會有效。除了農藥，有沒有別的方法？

頻　：蟲來的時候，就用夾子把牠抓掉。

老師：你怎麼知道蟲什麼時候來呢？

文　：就出去看一看啊。

老師：我要一直等在旁邊，等到看到蟲來就給牠夾起來嗎？

C4　：要等到晚上耶。

C5　：去觀察的時候，如果看到蟲，就趕快把牠夾起來。

軒　：我知道，用一個糖果在旁邊，如果螞蟻來的時候把牠打死。

老師：蟲怎麼辦？蟲不見得愛吃糖啊。

然　：把它套一個套子。

雅　　：用魚網把它網起來。

老師：為什麼要用魚網把它網起來？

雅　　：蟲比較不好跑進去。

老師：你們覺得這個辦法，怎麼樣？

雅　　：還不錯啊。

老師：你們還記不記得我們之前去參觀棗子園？有沒有發現棗子園有
　　　什麼特別的地方？

軒　　：就是搭那個網子網起來。

老師：為什麼棗子園要網起來？

幼兒：怕蟲咬啊。

接續，幼兒又提出其他方法，例如：做假的毛毛蟲、畫一隻鳥插在種植箱等。團討之後的戶外活動時間，各組幼兒選擇他們認為有效的方法去執行。

（二）檢討各種治蟲方法的效果

在各組完成治蟲措施之後三天，研究團隊錄到師生在戶外活動時間的談話。

戶外分組活動實例四

老師：你們毛毛蟲，有沒有效？

齊　　：沒效了。

老師：怎麼知道沒效了。

齊　　：你看！本來沒有被吃那麼多。

老師：怎麼辦？

C1　　：用網子。

老師：現在決定用網子嗎？其他兩個人呢？

齊　　：他們說好啊。我早就跟他們說用網子，他們……

老師：他們就不要？

齊　　：他們說就用毛毛蟲。

這組幼兒種的小白菜，最早遭遇蟲害，也最嚴重。他們採用某個幼兒提出的方法──「做一個很大的假毛毛蟲放在上面，如果真的毛毛蟲來，看到那麼大隻的毛毛蟲，牠就會被嚇死，牠就不敢來了」。雖然教師知道這個方法無效，但尊重幼兒的選擇。之後，幼兒發現無效而改採罩網，但或許是小白菜上已經有很多蟲卵，後來還是被毛毛蟲吃光。

六、製作植物成長小書

　　在「植物的生長」課程進行到快結束時，也同時開始進行「動物的生長」課程，但因所種植物陸續開花，甚至結果，所以植物的觀察與記錄仍然持續進行，一直到期末。最後，教師引導幼兒製作小書的封面（包括寫上書名、作者、班級、製作日期，並貼上幼兒與所種植物之合照），並將所有的觀察紀錄依照日期順序排列，再裝訂成冊（如圖6-1至圖6-6所示）。

圖6-1　播種　　　　圖6-2　發芽、長莖葉　圖6-3　莖長、葉大

圖 6-4　長高且枝葉茂盛　圖 6-5　長出蛇瓜　圖 6-6　蛇瓜生長小書封面

貳、「動物的生長」

一、提出科學探究問題，兼做前評量

（一）探討「動物」的概念

　　課程之始，教師向幼兒出示一些圖片，詢問圖中之物的名稱及是否為動物。若是，則說明理由。以下是討論的片段。

　　團體討論實例十

　　　老師：你要用你的金頭腦告訴你的手，如果這個圖片是動物，你就
　　　　　　「咚咚」（雙手高舉打圈，代表正確的意思）。
　　　幼兒：我們就是動物啊。
　　　老師：你怎麼知道我們是動物？
　　　軒　：因為我屬雞啊。
　　　老師：你是動物是因為你屬雞嗎？
　　　幼兒：不是。
　　　〔幼兒七嘴八舌一陣討論〕

在接續的討論中，幼兒說出「是動物」的理由，包括：會動、有生命、會跳、有眼睛、會吃東西、會生小 baby、會叫。

（二）探討動物的生長要素

先複習前一個主題所探討的問題：「植物生長需要什麼」，進而探討「動物生長需要什麼」。

團體討論實例十一

老師：剛剛你們說動物會動、有生命、有眼睛、會吃東西、會生小 baby、會叫。請問動物會長大嗎？

幼兒：會。

C1 ：你只要一直餵牠吃東西，牠就會長大。

C2 ：還要睡覺啊。

C3 ：睡覺會長高。

老師：請問動物長大所需要的東西和植物長大所需要的東西，是一樣的嗎？

幼兒：不一樣。

在接續討論中，幼兒說出動物生存所需的要素，包括：吃東西、喝水、陽光、空氣、照顧。

二、分組飼養與照顧

幼兒從教師選定的四種體型較小之動物（蠶寶寶、小雞、蝸牛、牛蛙）中選擇一種飼養，來驗證動物生長所需並觀察牠們的成長。人數較多的組，再分成數小組，讓每名幼兒都能善盡照顧之責，且能仔細觀察和記錄小動物的成長。

接著，教師分配各組的位置：小雞組（3 組）在娃娃家、牛蛙組（2組）在語文角、蝸牛組（1 組）在益智角、蠶寶寶組（2 組）在黑板前的矮櫃。小雞是在大紙箱飼養，其餘都是在小型的飼養箱。

之後，各組進行下列活動：

1. 製作小主人標示牌及布置小動物的居住環境。

2. 蝸牛組去校園抓蝸牛。

以上是第一天的活動。之後，各組幼兒每天進行餵食和清潔小動物的飼養箱。此外，觀察和記錄小動物行為，參考動物繪本或圖鑑進行實驗則是幼兒最喜愛的活動。

三、處理分組飼養與照顧衍生的問題

在課程進行期間，幼兒除了每天餵食和清潔小動物的居住環境外，還和小動物有相當頻繁的接觸，但有時會出現不當行為。若被其他幼兒看到或加以制止或告訴教師，教師就會提出來讓全班討論，以防同樣的行為再度發生。以下是討論的片段。

團體討論實例十二

老師：小朋友都很喜歡小雞組的小雞，他們都好喜歡。比如說，我是蝸牛組的，我就跑去跟小雞組的說：「唉喔，你的小雞很可愛，你不要用飼料給牠吃啦，飼料不好啦，你應該去用飯給牠吃。」

幼兒：不對。

老師：你的小雞借我抓一下，你的小雞很可愛，我好想抓。

幼兒：不行。

老師：為什麼不行？〔小朋友搶著回答〕沒有問人家可不可以？還有沒有其他的？

幼兒：會傷害動物。

幼兒：我知道小雞只認得自己的主人。

幼兒：如果另外一組的人要去碰牠的話，牠會怕。

老師：好，牠會怕。意思就是，你不是牠的小主人，就儘量不要來碰牠。但是，我的意思是說，有別組的小朋友都會來干涉他，教他怎麼養小雞，怎麼辦？

幼兒：就不要理他呀，就照自己的方法啊。

〔小朋友熱烈回答〕

老師：好，不要理他，自己做你自己的事，不要被影響。可是，如果
　　　他給你的意見是好的意見……〔小朋友一陣討論，陳述自己的
　　　想法〕那就參考看看。如果是不好的意見，你要自己想一想，
　　　他說的，對不對？這樣可以嗎？

幼兒：可以。

協同老師：等一下，要是那個人我們跟他講不要去摸，他還是要去
　　　　　摸，怎麼辦？

幼兒：告訴他媽媽。

幼兒：告訴老師。

協同老師：告訴他媽媽？他媽媽又沒有在這裡。

老師：告訴老師？老師又不是小雞的主人。請問小主人是在做什麼
　　　的？小主人的責任是什麼？

幼兒：保護小雞啊。

老師：保護小雞，保護你自己的動物，對不對？有人要傷害你的動
　　　物，要來打擾你的動物，你要怎麼辦？

幼兒：禁止他。

老師：禁止他？他還是要過來呀。

幼兒：就告訴老師。

老師：告訴老師喔？老師應該要怎麼處理？

〔小朋友一陣討論〕

光　：要看小雞的話，就不要摸。然後，如果要看的話，也可以做一
　　　張票。

老師：要看的人要拿一張票才可以看。這樣好像有點麻煩。

幼兒：不用了啦，只要告訴老師，老師叫他罰站就好了。

老師：老師哪有這麼閒，一天到晚叫人家罰站，我也不喜歡叫人家
　　　罰站。我覺得光的第一個方法不錯，你要看，可以，就請他不
　　　要摸，這樣好不好？我希望全班小朋友都可以遵守這個規則，
　　　好不好？你去看任何一組的動物，你很喜歡，像我也好喜歡蝸
　　　牛，可是……

幼兒：但是不能摸。

幼兒之所以會發生上述不當行為，是因為當初選組時，小雞還沒有出生，當時小雞組只有雞蛋，而其他組都已有小動物，所以幼兒都先選擇其他組。當小雞出生後，有些幼兒經常去逗小雞玩，也想換到這一組，但因組員必須負責小動物的餵食和居住環境之清理，所以每一組的名額都有限制。在上述討論之前，教師已先詢問小雞組的幼兒是否願意和其他組互換，但無人願意。

　　在上則討論的隔天，教師讀了《紅公雞》的故事繪本。之後，教師又和幼兒討論，以下是討論的片段。

團體討論實例十三

　　老師：你們現在也是爸爸媽媽，你們知道嗎？是誰的爸爸媽媽？
　　幼兒：我知道，是下一代的？
　　幼兒：我們的動物的。
　　老師：也是你們現在照顧的小動物的爸爸媽媽。

　　從前兩段的討論發現，當幼兒出現不當行為時，教師並不是直接指責，而是透過全班討論，讓幼兒評斷行為的合宜性。教師並沒有指出哪些幼兒出現這樣的行為，討論目的不在懲罰，而在培養幼兒較為成熟的道德認知和行為。

　　此外，再透過繪本的閱讀和討論，引發幼兒對小動物的關愛和照顧牠們的責任感。

四、蒐集動物成長的第一手資料

（一）記錄動物成長的方法

　　在「動物的生長」課程進行期間，幼兒延續前一個主題，以繪畫方法將動物的外型畫下來，記錄其成長的變化（如圖 6-7 至圖 6-9 所示）。雖然師生討論過可以藉助相機和錄影機記錄，但幼兒並沒有使用。

圖 6-7　出生 3 天的小雞　圖 6-8　小雞長尾巴　圖 6-9　小雞長雞冠

（二）測量動物生長在量上的變化

　　植物不會移動，而動物會移動，尤其是所飼養的小雞經常跑來跑去，要測量小雞的身高和體重是一大挑戰。師生因此進行討論，來解決這個問題，最後師生合作解決了這個問題。部分幼兒的觀察紀錄上呈現了測量結果（如圖 6-10、圖 6-11 所示），是兩隻小雞分別在第 8 次或第 10 次的觀察紀錄。

圖 6-10　小雞身高 17 公分　　　　圖 6-11　小雞身高 14 公分
　　　　　　體重 140 克　　　　　　　　　　　　體重 140 克

五、探討動物成長的變化

在「動物的生長」課程進行期間，小動物的出生與成長一直是師生關注之焦點，也是師生談話的主要議題。以下呈現幾則師生在團體討論或分組活動對話的片段。

（一）小雞出生

教師分別從養雞場和超市買來雞蛋，利用燈泡的熱度孵蛋，要讓幼兒知道不是所有的蛋都能孵出小雞，以及小雞如何從蛋裡孵出。

星期五傍晚，教師快要離園時，一隻小雞出生了，其餘雞蛋請家長幫忙帶回家繼續用燈泡孵蛋，並且將小雞出生的過程錄影下來。幼兒一早到教室看到小雞都很興奮，教師則利用團體討論時間和幼兒談論小雞的出生。

團體討論實例十四

老師：好，我看今天最特別的大概就是這個〔老師拿著蛋殼〕，這是什麼？

幼兒：雞的殼。

老師：你們知道那隻小雞是哪裡來的嗎？

幼兒：從蛋裡面孵出來的。

老師：是嗎？你怎麼知道？

幼兒：去養雞場買的蛋。

幼兒：那顆才會生，白色的不會生。

老師：這顆是從養雞場買的，沒錯。那隻小雞是從這顆蛋裡面孵出來的，也沒有錯喔。等一下我可以讓你們參觀一下蛋殼，現在不要急，你們現在可以看一下小雞是怎麼孵出來的。你們都沒有看到，對不對？告訴你們，那天，星期五的時候，我們是不是已經發現一顆蛋破了一個洞。告訴你們喔，到了星期五下午，你們都回家以後，剩下我跟丁老師、王老師，我們在這裡，然後就發現那隻小雞ㄅㄡ（啄蛋殼聲）……。你知道牠用什麼在ㄅㄡ嗎？

幼兒：嘴巴～

老師：唉唷！你們好聰明喔！這邊ㄅㄡㄅㄡ……沒有了，又換另一邊
　　　ㄅㄡ……，就ㄅㄛ……爬出來了，那個時候是下午五點，星期
　　　五下午五點是其中一隻小雞的生日。

軒　：老師，那小雞有濕濕的嗎？

老師：的確有濕濕的。那天是五月十五日下午五點，牠爬出來的時候
　　　真的是濕答答的耶！

幼兒：牠的毛都黏在一起。

　　討論 20 分鐘之後，開始觀賞家長錄製的小雞出生影片。在觀賞的過
程中，老師陸續解說。以下是觀賞過程師生談話的片段。

團體討論實例十五

老師：怡的爸爸告訴我，那是怡的外公準備溫溫的水，差不多是我
　　　們照小雞燈泡的溫度，不會太熱，有點溫溫的，手可以摸，然
　　　後他們把帶回家的雞蛋全部放進去，雞蛋放進去後，他外公就
　　　說：「你注意看喔！蛋如果會動，表示小雞會孵出來。」像你
　　　們剛剛講的，因為小雞會動，所以放在溫水裡，有的就會動。

軒　：跟我說的都一樣，剛剛我說的 2 都有在動，三顆都有生出來。

老師：喔！不會動的那兩顆呢？

軒　：1 跟 3。

老師：都沒有生出來，她外公就是這樣說，如果放在溫水不會動的
　　　蛋，可能會孵不出來，放在溫水裡會動的可能就孵得出來。
　　　怡，會動的，有沒有孵出來？

〔怡點頭〕

老師：有。不會動的，有沒有孵出來？

〔怡搖頭〕

〔繼續播放影片〕

幼兒：會走路。

幼兒：燈泡拿起來了。

〔繼續播放影片〕

老師：燈泡什麼時候要拿掉？

怡　：牠乾了。

老師：乾了就拿掉。牠什麼時候會走路的？

怡　：羽毛乾了。

老師：羽毛乾了，就會走路了喔！

幼兒：牠嘴巴有黃黃的。

〔在影片中，另一顆蛋裡的小雞開始啄蛋殼〕

幼兒：〔齊聲〕小雞加油！加油！加油！

〔加油聲愈來愈大〕

幼兒：出來了喔！

幼兒：〔齊聲〕加油！加油！

（二）蠶的成長變化

團體討論實例十六

老師：你們覺得你們現在養的動物有沒有長大？

幼兒：有。

老師：你覺得你養的動物有長大的舉手。

〔一群小朋友舉手〕

老師：手放下。雅，你養什麼？

雅　：蠶寶寶。

老師：蠶寶寶。雅，妳怎麼知道牠有長大？

雅　：因為牠本來是黑色的，又很小，現在變白色又變大了。

從上述討論可知：雅既觀察到蠶成長的量變，也觀察到牠成長的質變。

（三）蝸牛的成長

分組活動實例一

筑　：蝸牛在生了耶！老師，蝸牛在生了耶！

筑　：透明的。

老師：透明的，我們以前不是有看過蝸牛的書？它像不像？

研究者：這個嗎？

筑　：這個是，這個也是，還有這個。

〔師生圍繞著蝸牛的飼養箱，邊觀察邊談論著〕

老師：牠在做什麼？

幼兒：牠可能要吃小黃瓜。

媛　：好可愛喔！上面有那兩根眼睛，下面有兩根小小的，然後那兩
　　　根小小的就碰在一起。

老師：為什麼會碰在一起？

媛　：因為有兩隻蝸牛，牠們上面不是都有兩根長長的眼睛，下面也
　　　有兩根小小的，牠們兩隻小小的就碰在一起了！

媛　：我就是看到牠們兩個碰在一起，然後我媽媽就說牠們在交配。
　　　我們的蛋都是分散開來，不是擠在一起的。

　　分組飼養的小動物，在週末都會請幼兒輪流帶回家照顧。所以，在這個方案進行期間，幼兒父母也參與其學習活動。在看到蝸牛交配時，幼兒的母親適時和幼兒談論平時難以啟齒的性教育問題，親子之間因而有更多有意義的對話。如同 Reggio 方案課程，家庭與幼兒園在本方案課程中也有相當密切的互動，因而增強了幼兒的學習動機。

六、討論人類生長的變化

　　在課程進行的最後第二天，請幼兒攜帶嬰兒期的照片到幼兒園，從多個面向比較自己現在和以前的差異。之後，比較自己和手足、父母、祖父母的差異。

七、高潮活動：製作綠豆冰

　　「動物的生長」課程只進行一個月，因接近期末，只好結束，而「植物的生長」課程也同時結束。此時，綠豆剛好收成，又開始進入炎熱的夏天，教師將收成的綠豆煮熟，師生一起製作綠豆冰，而後愉快的享用，並從活動中體認植物是動物生長所需的食物來源。

第三節　教學評量

壹、前評量

1. 「植物的生長」：課程進行之始，透過團體討論，評量幼兒的「生物」概念，以及關於植物生長要素的先備知識。
2. 「動物的生長」：課程進行之始，透過團體討論，評量幼兒的「動物」概念，以及關於動物生長要素的先備知識。

貳、過程評量

1. 從幼兒的觀察紀錄評量：不論是在「植物的生長」或「動物的生長」課程進行期間，幼兒一直持續對所照顧的植物與動物進行觀察與記錄，從中了解其生長所需及生長變化。幼兒的觀察紀錄也是教師評量其學習過程之重要依據。
2. 觀察或傾聽幼兒在分組活動的言行：在植物與動物這兩個方案課程進行期間，幼兒的言談與行為幾乎都和所種植的植物或飼養的小動物有關，完全沉浸在學習的氛圍中。以下是討論的片段。

分組活動實例二

　　文　：禮拜六，我阿嬤說有長尾巴，然後我去看，摸摸看，咦！真的
　　　　　有。

老師：真的喔？尾巴也長出來了，是不是？

幼兒：尾巴也往這邊翹，像狗狗一樣放輕鬆的時候，尾巴是往這邊翹，現在是變成這樣的了。

前一個週六，文帶小雞回家照顧，她的祖母發現小雞長尾巴，然後告訴文。到了週一，文一到幼兒園，就迫不急待和同儕分享。到了分組活動時間，教師去小雞組時，文立刻又和教師分享。

戶外遊戲時間實例

再過 10 分鐘，戶外遊戲時間即將結束，大多數幼兒還在戶外遊戲場玩。雅走進教室，小心翼翼的捧起一隻一隻的小雞。這時，又有 3 名幼兒走進來。突然，雅興奮的大叫：「小雞長雞冠了！」在教室的幾名幼兒和老師立刻過去圍觀。大家都很興奮，都紛紛說：「小雞長雞冠了！」

參、總結性評量

一、透過團體討論評量

1. 排列植物生長順序的照片：教師使用所拍攝植物生長過程的照片，在團體討論時間請幼兒排序。
2. 在兩個主題都結束時，透過團體討論，評量幼兒所建構的「植物與動物所需的生存型式」。

團體討論實例十七

老師：你們種過植物，也養過動物了，你們對牠們有沒有了解？

幼兒：〔齊聲〕有。

老師：有嗎？那我要來考考你們了。

幼兒：〔齊聲〕儘管考。

老師：植物長大需要什麼？

幼兒：水。

老師：我要請舉手的人。好，筑。

筑　：水。

佩　：空氣。

安　：肥料。

齊　：土。

老師：好。我們現在換動物，請問你，動物長大需要什麼？

幼兒：吃東西。

媛　：水。

齊　：空氣。

幼兒：要照顧。

老師：動物與植物喔，牠們長大都需要什麼？

幼兒：水和空氣。

老師：動物跟植物不一樣的地方是什麼？

軒　：吃的東西。

老師：植物吃什麼？

幼兒：肥料。

老師：動物需要吃什麼？

C1　：吃東西。

C2　：吃飼料。

二、課程結束之後幼兒的表現、家長的回饋

（一）幼兒的表現

角落時間實例

　　頻在實驗教學之中，一直相當積極參與討論，也很認真做觀察與記

錄。實驗教學結束兩週之後的某一天，她利用角落時間以一張圖畫紙畫了一幅連環圖畫。

那天，筆者恰巧前往該幼兒園，黃老師拿來和筆者分享。頻在圖畫的一面畫了十幾個小圖，又用箭頭代表圖畫的先後順序。故事情節是她想像自己去買雞蛋、孵小雞、照顧小雞。畫完故事連環圖之後，她還將圖畫紙對摺，在圖畫紙的其中一面畫上圖畫，代表書的封面。

（二）家長的回饋

課程結束之後，有些家長在聯絡簿做了一些回應。限於篇幅，以下選取其中三篇作為代表。

亞的媽媽：亞最近的表現的確令人欣慰。老師提供這麼多自然生態
　　　　　豐富的課程，讓孩子從實際操作、觀察中得到不少寶貴知
　　　　　識，能在如此生動活潑的教學環境中學習，真是孩子的福
　　　　　氣。

雯的爸爸：雯對自然界的事物很有興趣，喜歡聽我們讀《小牛頓雜
　　　　　誌》，且都仔細詢問不懂的地方。幼兒園這學期的自然科
　　　　　學教學十分成功，啟發了她這方面的興趣。

韻的媽媽：經過課程訓練，我發覺引起她對自然界莫大的興趣，像是
　　　　　在陽臺自己種綠豆，每日細微觀察，葉子上的毛毛蟲也因
　　　　　此變成她的朋友。最近還在陽臺上放許多食物吸引小鳥來
　　　　　取食，比我設想還周到，足證她對小動物有無比的愛心。

第四節　結論與建議

壹、結論

在本方案課程中，幼兒獲得的學習如下幾項。

一、透過系統性的蒐集資料，回答科學問題

　　本方案課程在探究「生物生存需要的型式」，在教師分別提出所要探究的問題「植物生長需要什麼」和「動物生長需要什麼」之後，幼兒提出養分、陽光、空氣和水是植物生長的要素，食物、空氣、陽光和水則是動物生長的要素。接著，根據幼兒所提出的觀點，師生合作去驗證。在驗證的過程中，幼兒習得如何進行系統性的觀察與記錄來蒐集第一手資料，並透過師生討論、同儕談論、分享及整理所蒐集的資料，回答最初教師所提出的科學問題——「植物與動物生存需要什麼？」

　　此外，透過長期的資料蒐集與分析，幼兒建構出植物和動物成長變化的型式。植物與動物的生長都經過質變與量變：植物從種子、發芽，長出莖和葉、開花，有些甚至結果，是質變的歷程。「動物的生長」課程只進行了將近一個月，蒐集到的資料，包括：動物有些從卵孵化（如蠶、蝸牛、牛蛙、雞），有些是胎生（如人），經過幼年期（如蟻蠶→毛毛蟲、雞蛋→小雞出生→長尾巴→長雞冠）。在量變上，植物的高度增加和枝葉變得茂盛，動物則是身體變高或變長及體重增加。

　　幼兒透過這樣的過程，建構出植物與動物（包括人類）生存需要的型式及成長變化型式，就像科學家經過科學探究建立理論一般，這樣的知識是經過資料的蒐集、整理、比較，甚至創造力的運用所建構。此與第一篇所載 Bloom（1956）提出的最低層次學習目標——「記憶」有所不同。他們所定義的「記憶」層次，是學習者只能記誦或複述成人灌輸或書本所載的現成知識，學習者甚至不了解那些知識。

　　根據本課程在實施之初、過程及結束時，甚至結束後，使用多元方法所蒐集的幼兒評量資料，可以推論：幼兒在本方案課程的學習，符合美國國家科學標準（NRC, 2013）中，幼兒園（K-LS1-1）在生命科學應達到的指標。

二、從操作學習所獲得的喜悅和成就感，強化了學習動機及學習態度

　　本課程提供幼兒很多從操作中學習的機會：在「植物的生長」主題

中，從播種、澆水、除蟲到收成，都由幼兒負責；在「動物的生長」主題中，所飼養動物每天的餵食和居住環境的清潔，也是由幼兒負責處理。教師則從觀察與聆聽幼兒的學習行為與言談，適時提供引導。看著所種植物和所養動物的成長，幼兒從中獲得的喜悅和成就感，使他們忘卻了照顧植物和動物的辛苦，增強了他們的學習動機。師生之間、同儕之間、親子之間的言談經常圍繞在所照顧的植物和動物，幼兒可說是完全浸潤在這樣的學習氛圍中。

三、從操作學習，培養責任感

在動物和植物的照顧上，是採小組方式進行。在分組時，教師尊重幼兒的意願，讓幼兒從教師提供的植物或動物中加以選擇。幼兒選定之後，就必須負起照顧責任。幼兒若中途想要換組，就必須找到願意互換的人，這也是培養幼兒對自己的選擇負起責任。

貳、對幼兒科學教學的建議

一、提供足夠的時間進行生命科學的教學

不論植物或動物的生長，都需要一段時間的觀察才能看到其變化，所以這個領域的課程應該提供充足的時間讓幼兒探究，其學習效果會較佳。

二、科學教學在引導幼兒進行探究，教師應提升自己提問科學問題的能力

科學教學不是依照教科書上所列的教學步驟進行「食譜式教學」，科學教學在引導幼兒探究科學問題、蒐集與分析資料，以及提出解答。在實施科學教學時，教師除了需要本書第一篇所列的基礎教學知識之外，還須了解所要教導的科學知識，以及如何引導幼兒進行科學探究，而訓練自己提問科學問題則是首要任務。

討論與分享

1. 請 4 ～ 5 人一組，回想、分享與討論自己過去所接受的生物領域教學方式，以及這樣的教學方式對自己在該科目的學習興趣、動機、成就之影響。
2. 本課程實施的年代，沒有禽流感、腸病毒、極端氣候造成的洪害等相關的報導。考量現實狀況，你會如何設計與實施一個能引導幼兒透過第一手資料的蒐集，去建構與了解「生物生存需要的型式」的課程？
3. 請 3 ～ 4 人一組，以幼兒園大班幼兒為對象，在生命科學領域選擇一主題，設計探究課程，包括：提問科學問題、從所提問題了解幼兒的先期概念、設計能蒐集到回答科學問題的資料之活動、教導幼兒蒐集資料的方法、引導幼兒整理資料，並提出解答。

第七章

方案式 STEM 課程 II：
物理課程

陳淑敏 ▪

前言

　　現在是一個高科技時代，生活中的科技產品無所不在，科技的發展則是科學知識之應用。科學教學在引導學習者了解自然現象的原理原則，使其能在生活中運用這些科學知識和科學思考做出明智的判斷和決定，使生活更為充實且有意義（NRC, 1996）。

　　當今科學教育界普遍認為，科學知識的學習是教師引導學生像科學家般進行探究，以了解科學是什麼，以及科學如何產生——此乃「科學本質知識」（NRC, 1996）。除了提供科學探究體驗，還要教導學生科學探究知識，包括：如何形成問題、蒐集證據，以及做出解釋。

　　科學探究教學不同於過去盛行於中小學、遵循不相連貫但步驟固定的

「科學方法」進行實驗（Tang et al., 2010）之科學教學。事實上，這樣的科學教學不只過去盛行，甚至到現在還一直存在，因為大部分教師對科學本質與科學探究缺乏了解（Crawford, 2007），其過去求學更沒有經歷過科學探究（Windschitl, 2004）的過程。

　　幼兒對周遭的自然現象及造成現象的原因與機制充滿好奇，而進行科學探究必須具備的因果推理能力也在逐漸發展，如能及時加以適當引導，當能增進其對科學的了解與科學探究的興趣，培養其成為具有科學素養的公民。

　　然而，臺灣目前的幼兒園極少進行科學教學，在這極少數的科學教學之中，有些像前述中小學的情形，遵循固定步驟的「科學方法」進行，或是使用科學包，照著指示操作，或者就是放任幼兒自由遊戲而無適當引導。之所以如此，除了和前述中小學教師所面臨的困難相同之外，幼兒教師所面臨的更大困境是對教材內容缺乏了解，其中物理領域又比生命科學領域遭遇更大困難。

　　其實，不只是臺灣，國外亦是如此。Kallery 等人（2009）在觀察幼兒教師以物理為主題的科學教學後發現，典型的教學活動是師生共讀圖畫書、實驗示範、要求幼兒描述、預測與解釋、教師提供解釋、要求幼兒分類物體、提出問題請幼兒解決，最後則由教師以科學概念或觀點解釋所探究的現象，並做出結論。換句話說，幼兒教師的科學教學也以傳統的直接教學居多。事實上，筆者所觀察到的大都也和前述類似（陳淑敏，2004，2011，2012，2014；陳淑敏等人，2007）。

　　Kallery 等人（2009）分析幼兒教師的科學教學後發現，有如下幾項缺失：(1) 未能引導幼兒將預測或假設與證據聯結，致使預測流於猜測；(2) 未能針對幼兒的既有觀點，提供適當物體進行驗證，因此無法蒐集到適當證據；(3) 未能引導幼兒做出解釋，而是自己做出解釋，或強化幼兒所提出的擬人化解釋；(4) 未能引導幼兒將物體特質與證據聯結；(5) 未能引導幼兒從觀察中找出型式（pattern）或趨勢（trend）。上述這些教學缺失大都是由於教師缺乏對教材內容與科學教學方法知識的了解，因而未能選取適當主題與教學資源進行科學活動，也難以將教材內容適當轉化成幼兒可以了解的知識。

科學探究是針對特定的自然現象做深入探究，方案課程則是針對特定主題進行深入探究，而科學探究教學與方案課程模式都重視學習者的自我引導。不過，在科學探究教學歷程中，學習者的自我引導量和從教師或教材所獲得的引導量，隨著學習者的認知發展階段而有所不同（NRC，2000）。此外，即使是科學領域，物理與生命科學知識的產生也有不同，例如：生物的生長比較倚賴長期觀察，而對物體在水中能否上浮的了解則比較倚賴操作驗證。

　　基於前述，本方案課程的科學探究模式有下列幾項特點：(1) 針對自然現象做深入探究，以了解其中的道理（理出通則），而非解決問題；(2) 教師引導與幼兒思考解釋並重；(3) 在整個科學探究歷程中，教師都能提供適切引導，避免出現前述 Kallery 等人（2009）所列的諸多缺失；(4) 課程的發展取決於幼兒對現象之預測、操作驗證、觀察與解釋。

第一節　準備與設計階段

　　要在幼兒園實施科學探究教學，首先必須增進幼兒教師對科學本質與科學探究知識的了解。然而，此目標非一蹴可幾，首要任務是成立教學實務專業成長社群。

壹、準備階段

一、成立教學實務專業成長社群，定期研討

　　首先，筆者邀集數位幼兒教師，建立教學實務專業成長社群。這是以提升科學探究教學實作能力為目標的學習社群，利用週六或週日上午，每兩週一次，在某國小附幼定期研討，總共進行三年，第一年和第二年都參與的教師有 5 位。第三年因進入推廣階段，轉移到其他縣市進行，由原已參與的 2 位教師作為種子教師，另邀請某附幼 2 位教師參與，到了下學期，另 1 位前兩年都參與的教師因執行論文計畫之需歸隊，共 5 人參與。

二、探討現代的科學本質與科學探究知識

　　第一年教學實務專業成長社群成立之後，先請社群成員（以下簡稱學員）填寫問卷，以了解其科學本質與科學探究觀點。接續的定期研習，都提供關於現代的科學本質與科學探究論點之文章，請學員事先閱讀，而後在研習中進行討論。

三、以現代的科學本質與科學探究知識檢視自己的科學教學

　　接著，由每位學員自行錄製一段科學教學影片，之後在研習時分次播放並討論，利用所學的科學本質與科學探究知識檢視自己的科學教學。以下引用在觀看某位學員的影片並討論之後，教學者和其他學員所寫的心得報告。

專業成長社群反思報告一

　　汪：老師讓我們透過觀看自己的教學影片，用科學探究的觀點來發現自己教學的問題，這樣的方式讓我不僅僅學到如何運用科學探究，更學到如何發現問題，很喜歡這樣的討論方式。〔但……要觀看自己的教學仍然會怕怕的〕雖然這次觀看的是林老師的教學，但發現林老師的問題也是自己的問題，如何導入？如何發問？如何統整？

專業成長社群反思報告二

　　李：林老師的課程設計非常豐富，準備了很多素材提供幼兒體驗「摩擦力」，課程設計很有層次，看得出林老師非常用心的在設計科學探究活動，也很努力的完成預定活動，但因為求好心切，所以「操作變因」太多，而幼兒也缺乏丈量與記錄的能力，因此多次的實驗結果無法歸納出「通則性假設」。建議林老師下次可以「明確設計」操作變因，讓幼兒可以從實驗過程與討論中，理出通則性假設，進而了解摩擦力的概念。

表 7-1 擷取報告的部分內容。

表 7-1　專業成長社群反思報告節錄

討論項目	教學改進空間	夥伴建議
1. 材料準備	太過複雜一 ◎ 滑行物：扭扭車、大籠球、拉拉車。 ◎ 地面：紅磚地、草地、軟墊。 ◎ 移動方式：腳滑、手推、繩拉。 ◎ 滾動物體：球、車子、罐子。 ◎ 斜坡材質：厚紙箱板、木槳板。	1. 一次提供一種操作變因即可，例如：「扭扭車 vs. 紅磚地、草地、軟墊」，較可觀察摩擦力的不同。 2. 可製作科學實驗工具，例如：將木板、洗衣板、砂紙板與積木黏牢固定成斜坡，並統一提供小汽車，幼兒就可以聚焦觀察斜坡面不同材質所造成的摩擦力與距離。
2. 影片提供的時機	先播放網路影片讓幼兒觀看，就像是複製別人的步驟，又回到了「照本宣科」的傳統模式。	可以讓幼兒只觀看操作流程的示範（例如：小汽車的放法、測量方法等），不要立即介紹「摩擦力」的名詞與概念。
3. 繪本閱讀的時機	實驗前先閱讀相關繪本，容易限制孩子的想像空間。	◎知識性繪本： 實驗前閱讀→現成的知識 實驗後閱讀→較好，科學知識 ◎故事性繪本： 實驗前閱讀較好，可引發想像與情境，但不須說出科學原理。
4. 討論的時機	於全班進行完實驗之後，再進行團體討論，例如：學習單分享或實驗發現。	科學活動可於角落、個別或分組進行，當某些或某位幼兒有新發現時，可立即集合討論、實驗操作、驗證想法，比較容易建立「通則性解釋」。

上述二則心得報告，是學員對某位夥伴的科學教學評析與建議。影片中的主角，又是如何看待自己的教學呢？

專業成長社群反思報告三

林：從影片中回顧自己的教學，經過老師及同儕教師的討論，再觀賞莊老師探究式的科學活動，深深的感覺到原來進行探究式的科學活動，其實也可以很簡單。因自己對科學概念了解的不足，將活動複雜化了，自以為提供幼兒多樣的素材，可以讓幼兒有不同的比較。殊不知變因太多，是造成幼兒無法形成通則性假設的重大因素；而擔心幼兒先備經驗不足，拼命的示範、教導，是減少幼兒自行探索、進行科學性思考的敗筆。在進行探究式的科學活動時，老師對所要探究的科學概念，一定要有充分的了解，才能知道如何規劃情境、提供素材。

四、體驗科學探究歷程

第一年的下半年提供學員 3 次科學探究實作活動，並在探究活動中融入現代的科學本質與科學探究知識之學習，讓學員領悟這些看似深奧的理論觀點〔讀者如欲了解現代的科學本質與科學探究知識，可參閱陳淑敏（2018）《幼兒科學教育：探究取向》一書〕。

第一次和第二次的科學探究實作活動是探究桃花心木種子旋轉落下的原理，第三次則是探究浮力原理。讓學員體驗科學探究歷程，並為後來的科學探究教學鋪路。由學員自行分成 2 組進行，之後並撰寫心得報告。

專業成長社群之科學探究活動心得一

江：對於桃花心木的翅果，我並不陌生！十年前就已開始帶著孩子們一起體驗過桃花心木翅果飄落旋轉時的驚豔。雖然每次孩子看到時，都會發出驚呼連連的聲音，但一直以來，自己並沒有真正的探究過翅果如何會旋轉？經過 2 次的翅果探究，再回來看科學探究及科學本質，真的有了不同的體會及深刻體驗。綜合幾次對於

桃花心木翅果的研究，更體會到要先釐清觀察與推論之不同，才能更清楚明瞭整個探究過程。

專業成長社群之科學探究活動心得二

李：科學探究歷程在培養幼兒科學家般的思考，而不是在技術層面的提升。因此，課程設計重點在於：讓孩子動手操作→發現問題→再操作→再討論→……的一種「反覆操作、機動性討論」之過程。這種課程設計精神符合 Piaget 的運思理論，強調幼兒身體和心理的「行動」，而非知識的灌輸。

專業成長社群之科學探究活動心得三

汪：這次的研習老師讓我們實驗沉浮概念，但整個實驗過程我似乎只重視可以承載多少顆彈珠、什麼形狀才能承載很多顆，似乎已迷失了科學過程中所該找出來的規律性。這也是我在教學過程中發生的問題，拋給孩子的問題，在過程中卻難以引導孩子聚焦問題，常是被孩子牽著走的，類似如此將如何引導孩子回歸科學探究的本質呢？

在探究歷程中，學員常混淆「觀察」與「推論」，因此在 3 次的探究活動之後，筆者藉由「雪地足跡」（Tricky Tracks）之圖畫（McComas et al., 1998）進行研習，讓學員了解在科學探究歷程中「觀察」與「推論」的差異。

專業成長社群研習課程心得：觀察與推論

李：當老師拿出「雪地足跡」圖案時（不告知圖案主題），我一開始就非常主觀的認定是「雁行理論」的圖案，因此忽略了老師的提問：「看到什麼」和「你覺得發生了什麼事」兩個完全不同意義的問題，同時我是無法清楚區分與回答的。長久以來，我都是「主觀的解釋」，而不是「客觀的陳述」所「觀察」到的證據。

上述的課程內容，也是筆者在師資培育階段所開設「幼兒自然科學」課程內容的一部分，這些課程都在引導學習者重新建構科學本質與科學探究知識。

貳、設計階段

一、選擇課程主題與課程模式

　　「浮或沉」是生活中常見的物理現象，了解浮力原理，在遭遇溺水生命危在旦夕之際，若能加以應用，甚至可以解救個人生命。以看似簡單的浮沉現象，要讓幼兒了解其中的道理，絕對不是 2 小時的課程可以達成。其實，所有的物理現象都不可能如此快速的理解。讓幼兒進行 2 小時的科學遊戲，充其量只能引發幼兒的興趣，可做為科學探究的前導活動。然而，科學學習不應只是觀察表面現象，而應引導幼兒了解現象背後的道理。

　　在國外，幼兒園進行的教學研究（Havu-Nuutinen, 2005）顯示，經過適當引導，6 歲幼兒也能了解物體在水中會浮或會沉的道理。但是，這個研究的教學不是由幼兒教師執行，而是由研究助理在幼兒園分組進行。然而，幼兒教師才是幼兒園的正式教學者，如能培養幼兒教師科學探究教學知能，來針對這個現象進行探究，應該也能引導國內幼兒園大班幼兒了解其中的道理。

　　幼教學者指出，方案課程是針對幼兒感興趣的主題進行深入探究（Katz & Chartd, 1990）；而科學教育者主張，科學知識的學習宜選擇少數較為重要的概念做深入探究，內容宜深入而不宜廣泛（Vosniadou & Ioannides, 1998）；此二種不同領域學者對課程實施模式的觀點卻相當契合。

　　為引導幼兒深入探究浮沉現象，並了解其中道理，故整合方案課程模式與科學探究教學模式來設計與實施課程。不過，浮沉現象的探究，絕非是幼兒園大班幼兒能自行萌發的課程，況且過去 Reggio 實施過的方案課程也不是都經由幼兒自行萌發產生的（陳淑敏，1998）。在「前言」中

引述的研究，已經提到幼兒教師在進行物理領域課程遭遇的困難，純粹是幼兒萌發更是緣木求魚。

二、課程設計原則與發展流程

（一）課程設計原則

「浮或沉」的科學探究，是在探究浮力原理，但非教導其深奧的原理，而是經由教師與幼兒的合作建構，讓幼兒經由科學探究理出通則，對浮沉現象提出合理的解釋。教師除了遵循方案課程的兩個原則：(1) 讓幼兒深入探究這個主題；(2) 以幼兒觀點引導課程的發展之外，還遵循科學探究模式（如圖 7-1 所示）設計與實施課程。

因為學員已經歷一年半的定期研習與 3 次的科學探究體驗，其中一次也是「浮與沉」的探究。所以，在「浮與沉」的主題中，由學員遵循前述原則自己設計課程。

圖 7-1　幼兒階段的科學探究教學模式

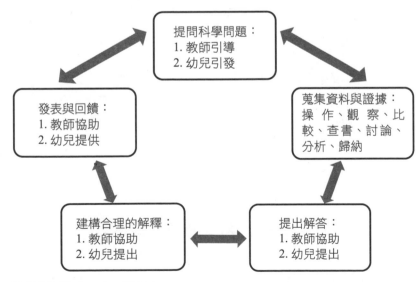

註：引自陳淑敏（2018，頁 38）。

（二）發展流程

幼兒階段科學探究教學模式從「提問科學問題」開始，而本方案課程之始的探究問題是在團體討論時間由教師引發，之後衍生的探究問題（例如：重量、大小、材質、實心空心是不是影響物體浮沉的原因），都是在教師適切的引導（教學材料的提供、教師的提問）下，師生共同提出。

「蒐集資料與證據」則因所需材料與物體必須經過審慎的選擇，致蒐集不易，而有數量限制，都是在角落與分組同時進行，由教師負責引導輪到的小組進行，由組員實際操作試驗。

第一次的預測與驗證，是團體進行。接著，讓幼兒操作試驗、觀察與記錄。之後，再經由團體討論，整理歸納出所有可能的變因。接續，分組輪流進行各個變因的驗證，每一次的分組時間只驗證其中一個變因，並從預測時被提到最多次的變因開始驗證。教師根據所要驗證的變因提供適合之材料與物體。在各組都完成一個變因的驗證之後，再進行團體討論，整理歸納出該變因是否確實是影響因素。驗證所有變因分散在好幾天進行。驗證完所有變因之後，再進行團體討論，以「提出解答」和「建構合理的解釋」。最後，教師提供另一探究活動，以評量幼兒能否做學習遷移。

三、教學目標

本方案課程的教學目標，如下：
1. 經由科學探究活動，幼兒能了解物體在水中是浮或沉的原因。
2. 經由科學探究活動，幼兒能了解科學家如何進行科學探究。
3. 經由科學探究活動，幼兒體會學習的樂趣，進而對周遭自然現象充滿探究的熱忱。

第二節　課程實施與評量

以下首先呈現任教於同一所幼兒園且同一班級的 2 位教師，在參與教學實務專業成長社群第二年下半年實施的「浮或沉」教學。

壹、課程實施

一、引起動機

教學首日以繪本共讀揭開序幕，以下擷取討論的片段。

團體討論實例一

〔老師手持艾瑞・卡爾（Eric Carle）的《10 隻橡皮小鴨》繪本〕

老師：主角是誰？

幼兒：艾瑞／

老師：主角ㄋㄟ？

幼兒：小鴨子。

老師：小鴨子。幾隻小鴨子？

幼兒：10 隻。

老師：你們有沒有發現這 10 隻小鴨子在做什麼？

幼兒：游泳。

老師：游泳。ㄟ～牠在水面上，還是水裡面？

幼兒：上。

老師：在上面喔？你們猜牠會不會沉下去？

幼兒：不會？

老師：為什麼不會？

幼兒：因為牠很輕。

老師：因為牠很輕，所以你覺得牠不會沉下去。

G1　：因為牠是橡皮做的。

老師：你怎麼知道它是橡皮做的？

G1　：10 隻橡皮小鴨。

C1　：它是橡皮做的玩具。

老師：你知道它是橡皮做的，不會沉下去。

B1　：它是玩具，不會沉下去。

老師：它是玩具，它不會沉下去，那真的鴨子會不會沉下去？

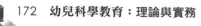

　　G1　：不會。

　　B2　：頭會。

　　接著，教師帶領幼兒進行兒歌律動。之後，進行物體浮沉的預測。

二、團體預測（前評量）

　　在繪本共讀與兒歌教唱之後，教師以事先準備的保麗龍球、塑膠片、小鐵珠、彈珠、木頭、塑膠積木，讓幼兒預測其浮沉，並說明所持理由。以下是討論的片段。

團體討論實例二

　　老師：〔拿出一物體〕這個會不會沉下，當小鴨子的玩具？

　　幼兒：會。

　　幼兒：不會。

　　老師：說「會」的舉手。手放下，確定喔？〔多數舉手〕

　　老師：說「不會」的舉手。〔少數舉手〕

　　老師：丹，你覺得不會，為什麼？

　　丹　：它很重。

　　老師：琪，為什麼你覺得它不會沉下去？

　　琪　：它很重。

　　老師：很重，很重不會沉下去。

　　B1　：很重會沉下去。

　　老師：好！準備好！1、2、3。〔老師將物體置入水中，物體上浮〕

　　B2　：用力丟，才會下去。

　　老師：用力丟，好！〔老師將物體用力丟入水中，物體還是上浮〕

　　老師：〔拿出小積木〕請問這個小正方體，會不會沉下去？

　　幼兒：會。

　　幼兒：不會。

　　老師：我看到維搖頭。維，你為什麼覺得不會？

維　：因為很小。

老師：強，你為什麼覺得不會？

強　：它很輕。

C1　：因為它很輕。

老師：你怎麼知道它很輕？

C1　：我有玩過。

老師：我們一起……〔聽不清楚〕

幼兒：1、2、3。

〔老師將小正方體放入水中〕

幼兒：耶！

老師：維剛剛說因為它很小，所以一定會浮上來。

C2　：它沒有全部掉下去。

老師：它沒有全部掉下去喔？有啊！全部掉下去了啊。

C2　：有浮一點點。

老師：這是什麼？

幼兒：保麗龍球。

老師：請問這顆球會沉下去，還是浮上來？

幼兒：會。

老師：會沉，還是會浮？會是什麼意思？

〔幼兒爭相回答〕

老師：雯，你覺得呢？

雯　：因為它很小，會沉下去。

C3　：大的比較會沉下去。

蓉　：我也覺得會沉下去。

老師：為什麼？

蓉　：因為它很小。

維　：會，它很輕。

老師：它很輕，所以會沉下去。

〔幼兒爭相回答〕

老師：有沒有人覺得會浮上來的？

老師：維，你為什麼認為它會浮上來？

維　：因為它很小顆。

老師：你剛剛說它很小，會浮，結果它沉下去了。〔老師複述維在預測前一個物體的浮沉時所做的解釋〕

佑　：有浮力啊。

老師：俊，你覺得會沉下去嗎？

俊　：會浮。

老師：會浮，是不是？為什麼？

幼兒：因為它很小。

老師：好。來！我們要公布答案喔！1、2、3。

〔老師將小保麗龍球放入水中〕

幼兒：耶！

〔老師再拿出中保麗龍球〕

幼兒：大一點。

老師：覺得它會沉下去的舉手。

〔有些幼兒舉手〕

老師：好！手放下。我請……〔聽不清楚〕

幼兒：1、2、3。

老師：你們說小的會浮上來，大的會沉下去，對不對？

B3　：不會。

B4　：浮上來。

老師：可是你們剛剛舉手說會沉下去啊。

〔幼兒爭相回答，紛紛站起來，老師維持秩序〕

老師：最後再問一個〔拿出大保麗龍球〕，請問你們，這個會沉下去，還是浮上來？

B5　：沉下去。

B6　：浮上來。

老師：為什麼會沉下去？

B7 　：它很重。

老師：可是前面你們說因為它很輕，所以會沉下去。現在又說，它很
　　　重會沉下去。你覺得呢？

B8 　：它不會沉下去，它很重。

老師：很重會浮上來，是不是？

B9 　：沉下去。

〔老師將物體置入水中〕

B10 ：有沉下去一點點。

　　從上述幼兒爭相發言，推論幼兒對浮沉現象很有興趣，也樂於思考
其中的道理。從幼兒的發言又發現：(1) 幼兒並不了解「浮」或「沉」的
意義，像是 C2 說：「它沒有全部掉下去」、「有浮一點點」；B10 說：
「有沉下去一點點」。幼兒似乎不知道這種情況，應該是「浮」還是
「沉」。此外，還出現「沉上來」的用詞；(2) 幼兒的解釋反覆不定，常
隨當下所見的現象而改變，例如：維原來回答「會沉下去」，後來改變說
詞，回答「會浮上來」。

三、分組活動

　　在團體預測討論之後，依照幼兒原先所坐的位置，分成 7 桌（組），
桌上都放著裝了水的容器。

　　教師提供：(1) 觀察紀錄單 1 組 1 張；(2) 實驗材料：大中小保麗龍
球、塑膠球、鐵珠、大小木頭積木、大小塑膠積木、迴紋針、小鐵釘、鈴
鐺、黏土、海綿、塑膠片。

　　程序：(1) 教師說明如何使用紀錄單進行記錄；(2) 推選 1 名組員負責
記錄；(3) 其他組員進行實驗；(4) 組員將觀察所見通報紀錄者。

　　2 位教師遊走負責輔導各桌，觀察幼兒的實驗，間或與幼兒互動。

四、團體討論：總結分組實驗的結果提出假設

老師：你們這組有沒有做到這顆球？是沉下去，還是浮起來？

幼兒：〔齊聲回答〕浮起來。

〔老師將中保麗龍球放入水中，上浮〕

老師：再來，也是一顆球。

幼兒：浮起來。

老師：這顆球也是浮起來的喔？

幼兒：對。

老師：可是它長這麼大ㄋㄟ。

幼兒：浮起來。

〔老師將大保麗龍球放入水中，上浮〕

老師：有沒有人做到這一顆？

幼兒：有。

老師：它會沉下去，還是浮起來？

幼兒：浮起來。

〔老師將小保麗龍球放入水中，上浮〕

老師：一個大的，一個小的，都還是浮起來喔？

幼兒：對。

老師：小的浮起來，大的也是浮起來。這個小ㄇㄧㄇㄧ的？

幼兒：浮起來。

老師：這個是什麼珠？

幼兒：彈珠。〔幼兒將鐵珠說成彈珠〕

〔老師一一詢問各組是否有做到彈珠，各組都回答：「有」。教師順著幼兒回答，使用「彈珠」繼續提問〕

老師：有沒有發現一件事情？

幼兒：一個是鐵的，一個是塑膠的。

老師：一個是鐵的，這是塑膠的喔？

幼兒：對！

老師：這是保麗龍ㄟ。

幼兒：保麗龍輕。

老師：哪一個會沉？

〔老師將鐵珠放入水中〕

老師：可是這個比較大啊。

幼兒：鐵的很重。

老師：誰有做到鈴鐺？

〔幼兒紛紛回答：「我也有」〕

老師：這顆鈴鐺會沉下去，還是浮起來？

〔幼兒爭相回答，所以老師指名某些幼兒回答，只有一名幼兒回答：「浮起來」，其他都回答：「沉下去」〕

〔老師將鈴鐺放入水中，鈴鐺下沉〕

老師：這個呢？

〔幼兒紛紛回答：「沉下去」〕

老師：再來！這一顆。

幼兒：浮起來。

〔老師將物體放入水中，物體上浮〕

老師：這一顆呢？

幼兒：浮起來。

老師：沉下去跟浮起來，跟什麼有關係？

幼兒：一個輕，一個重。

老師：還跟什麼有關係？

幼兒：輕的會沉下去。

老師：我現在只問這個球，它沉下去跟浮上來的原因是什麼？

維　：材質不一樣。

老師：材質不一樣。重量不一樣，材質不一樣。

〔老師邊說，邊寫在白板上〕

討論至此剛好 5 分鐘，已經整理出「大小」、「重量」和「材質」等

三個可能的影響因素。預測的目的已經達到，討論應可結束，但討論卻還是繼續，總共討論了 20 分鐘。之後的討論，都在討論哪些材質在水中會上浮、哪些會下沉，甚至討論到材質才是影響物體浮沉的主要因素，而大小、重量都不是。

　　歸結上述討論，有如下缺失：(1) 教師未掌握「預測」的目的：「預測」是在整理出可能的影響因素，而不是得出哪個才是主要因素；(2) 教師提供的實驗材料不夠周全，未考慮所有可能變因。所以，後來又進行了一次「預測」。同樣的活動反覆進行，造成幼兒興趣降低。

　　以上是第一天的教學活動。

五、驗證每一個可能的變因

　　經過 2 次的「預測」活動，歸納出影響浮沉的可能因素，包括：重量、大小、材質、實心空心。

　　之後，教師依照每一次要驗證的因素，以控制「干擾變項」為原則，選擇提供適合的實驗材料，讓幼兒驗證每一個變因。每次驗證過程同樣都包括：預測、操作驗證、觀察記錄、結果與討論。

　　驗證活動分散在好幾天進行，從幼兒最先提到的變因開始驗證，依序為：重量、大小、材質、實心空心，經過驗證就排除其可能的影響性。當所有可能變因被一一驗證之後，教師引導幼兒進行總結性的討論，找出影響浮沉的主要因素是「空心實心」。

六、高潮活動：「讓油土浮起來」

　　「讓油土浮起來」活動讓幼兒應用對浮沉現象的了解，解決問題。思考如何讓本來會在水中下沉的油土浮起來，甚至可以裝載多顆彈珠。

貳、學習評量

　　在方案實施的整個歷程中都在進行評量，包括：(1) 師生討論時，幼兒對浮沉現象及科學探究歷程的解釋；(2) 在學習單上的預測與觀察紀錄及解釋；(3) 最後的高潮活動同時也是總結性評量。

第三節　定期研習討論與教學反思

　　在「浮或沉」科學探究教學期間，每次的定期研習都輪流播放學員的教學影片並討論。以下略述筆者與學員對上述課程的反思、討論與建議。

壹、研究者的發現與建議

1. 透過繪本故事導入探究議題，教師應先思考如何提問：在觀看教學影片之後，筆者指出，在《10 隻橡皮小鴨》繪本中所描繪的鴨子是橡皮鴨子，並非真實鴨子，真實鴨子能浮在水面與牠內在的生理結構有關，此非從外表所能觀察得到，此時若提問「真的鴨子會不會沉下去」，易使問題複雜化，難以引導幼兒去了解真正的影響因素。
2. 應先定義「浮」與「沉」的概念：學員和幼兒對「浮」與「沉」的意義並未完全了解，討論時出現「雞同鴨講」之情形。因此，應在探究之始，先釐清「浮」與「沉」的意義，再進行物體浮或沉的預測。
3. 學員對浮力原理與科學探究歷程的了解仍待加強，才能提供幼兒適當的引導。

貳、上述教學實例之教學者的反思

1. 讓孩子自行尋找物體進行浮和沉的實驗，原本是希望能藉由實驗材料的多樣化，提供孩子更多發現的機會。然而，孩子尋找的實驗材料變化不多，最多的是水果模型和塑膠積木。但是，同樣是水果模型，卻因「裝水」、「浸水」出現不同的現象。類似的，同樣是水管積木，卻因擺放方式不同而有不同現象。因此，我認為值得再繼續探究，但是在社群研習中，指導教授卻告訴我們這些都屬「干擾變項」，應該加以控制。

2. 研究團隊定期聚會，可以透過一次又一次的討論來澄清自己的迷思概念，例如：實驗中有些物體半浮半沉在水中，孩子認定那就是「沉」，孩子的認知是只要在水面之下就是沉。指導教授積極的幫我們解惑，找出正確的解釋：物體部分在水面上是「浮」，其密度小於水；物體在水中，未沉到底部不上也不下，應說「不浮也不沉」，此時物體的密度和水不相上下；下沉到水底則是「沉」，此時物體密度比水大。

3. 第一次的驗證就非常貪心，一直試圖引導孩子發現材質才是影響因素，所以花太多時間在材質的討論上，造成孩子的不耐，到最後都隨便亂說。

4. 指導教授來幼兒園觀察給予建議：在提問時要針對驗證的目的提問。之後，在提問上針對驗證的目的提問，不要再增加一些不相關的問題。這樣的提問過程讓孩子更能聚焦，同時也更清楚每次的驗證重點為何，而孩子也不會因為過長的討論而失去耐心。指導教授入班觀察對我們來說是壓力、更是成長，能很清楚的將我們的迷思導回正軌道，也因此讓我們更容易掌握到是自己的問題，再進行修正。

5. 孩子們都知道玻璃會沉、鐵會沉、木頭會浮，卻一直沒有說出「材質」是影響因素，而教師又一直想引導孩子說出。但當提供相同材質的物體卻有實心和空心的不同時，似乎又推翻了先前玻璃會沉、鐵會沉的發現。教師在挫折之餘，指導教授適時提醒，不管是什麼材質，只要是空心就一定會浮。孩子的發現：「空心」是影響浮沉的主要因素，其實才是正確的。

第四節　反思之後的課程調整

　　針對上述定期討論的反思，在第三年的推廣階段，再次進行「浮或沉」的探究教學時，當時已經成為種子教師的這 2 位教師，在課程設計做了如下調整：

1. 在進行「浮或沉」的科學探究之始，應先評量幼兒對「浮」與「沉」此二概念的了解，並教導正確語詞的使用。
2. 從預測開始，直到針對每個可能影響因素的驗證，都由教師事先思考驗證的目的，再選擇適當的材料，以控制可能產生的干擾變因。
3. 在團體討論之前，應先思考驗證的目的是要導出所有可能的變因，或是要產生暫時性結論，還是要產生最後的結論，根據不同目的思考如何布題，擬定適當問題。

第五節　調整後的課程實施與評量

　　圖 7-2 是「浮或沉」的科學探究教學歷程圖，以下說明各個步驟的內容。

圖 7-2　「浮或沉」的科學探究教學歷程圖

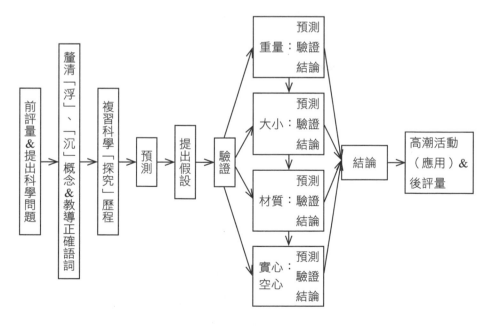

壹、前評量

一、評量幼兒「浮」與「沉」的先期概念

在課程實施之始，教師發給每名幼兒評量單，其上畫有裝了水的容器之圖案和「浮」與「沉」二字之標示。接著，請幼兒畫出物體在水中的位置（如圖 7-3 至圖 7-6 所示），以評量幼兒對「浮」與「沉」概念的了解。

圖 7-3　正確的「浮」位置

圖 7-4　錯誤的「浮」位置

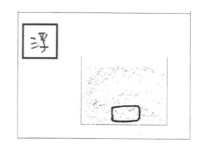

圖 7-5　正確的「沉」位置

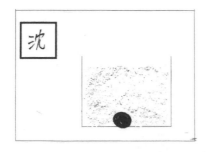

圖 7-6　錯誤的「沉」位置

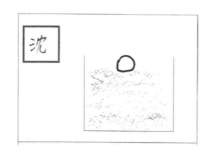

二、評量幼兒對物體在水中會浮或沉的先期概念

教師使用印有物體彩色圖片的學習單進行個別晤談。先一一詢問幼兒每一個物體在水中會浮或沉，並在對應欄位勾選。接著，請幼兒說明理由，並協助其記錄在學習單上。

貳、課程實施

一、引起動機

（一）釐清概念並教導正確語詞

團體討論實例四

〔白板上畫了兩個杯子，杯內各畫了代表水面的線條。其中一杯，水面上貼著磁鐵；另一杯則是杯底貼著磁鐵〕

老師：記不記得，我們上個禮拜，我和汪老師跟你們玩了什麼遊戲？

幼兒：浮和沉。

老師：老師有問你們，「浮」在哪邊？「沉」在哪邊？記不記得？

幼兒：記得。

老師：有誰可以告訴老師，「浮」在哪邊？好，捷，「浮」在哪邊？
　　　過來指「浮」的位置。

〔捷上前指著水面貼著磁鐵的杯子圖〕

老師：這個是「浮」的位置，是不是？

〔捷點頭〕

老師：很好！回去！有誰可以告訴老師「沉」的位置在哪邊？

幼兒：我。

老師：萱。

〔萱上前指著杯底貼著磁鐵的杯子圖〕

老師：哇！在下面。好，這個是「沉」的位置。

（二）複習科學探究歷程

　　「浮或沉」的科學探究是研究第三年之第二個探究主題，在前一個主題已進行過科學探究歷程的教導，所以教師在這個主題只是稍作複習。以下是複習科學探究歷程的教學錄影片段。

團體討論實例五

老師：今天呢，我們要來玩一個好玩的實驗。上次老師只是用紙訪問
　　　你們，今天要來做什麼？

幼兒：真正的……〔聽不清楚〕

老師：真正的什麼？

幼兒：真正的實驗。

老師：我們現在開始要真正的做實驗了。老師有說科學家要做實驗以
　　　前要先做一件什麼事情？先要做什麼工作？

幼兒：預測。

老師：先要預測。對了，什麼叫作預測？

幼兒：就是先猜。

老師：亂猜嗎？

宣　：不是，要認真的想，精確的想出來。

老師：宣說：「要動動腦，精確的想一想」，為什麼是這樣？

在團體討論之後，接著進行分組預測。

二、分組預測

由 2 位教師各負責一組，其餘幼兒則進行角落活動。預測時，教師發
給每名幼兒一張學習單，上有彈珠、木球、迴紋針、足球、乒乓球、小石
頭、塑膠空瓶的彩色圖片。

教師先說明如何填寫學習單，再由幼兒各自在自己的學習單上一一勾
選各項物體會「浮」還是「沉」。幼兒在填寫學習單時，教師輪流觀察，
並給予個別指導。

所有組員都預測完畢後，幼兒將學習單上的實物放入水箱，觀察是
「浮」或「沉」，並在學習單上的適當欄位勾選，完成觀察紀錄。

三、總結分組預測的結果提出假設

團體討論實例六

老師：昨天，我們做了什麼事情？

C1　：做實驗。

老師：做實驗，剛開始呢？

C2　：沉跟浮。

老師：沉和浮，對不對？可是我們剛開始做了一個什麼工作？

捷　：預測！預測！

老師：做完預測之後又做了什麼工作？

C　　：實驗。

老師：昨天第一個實驗的是什麼？

C　　：彈珠。

老師：好，請問你們，昨天彈珠的實驗結果是什麼？

C　　：沉！

老師：沉！有答對的舉手！

〔約 12 個小朋友舉手〕

老師：請捷告訴我們，昨天的彈珠是在哪個位置？

〔捷走到海報前〕

老師：我們後來這個彈珠，結果是什麼？是沉，還是浮？

捷　：沉。

老師：沉啊，那沉在哪裡？打勾，昨天的實驗結果。

〔捷在海報上記錄〕

——討論完所有的物體（包括：彈珠、木球、迴紋針、足球、乒乓球、小石頭、塑膠空瓶）是「沉」或「浮」之後，接著依序討論該物體是「沉」或「浮」的可能原因。

團體討論實例七

老師：好，OK。這是我們昨天實驗的結果。哇！幾乎全班都一樣。可是你們昨天在預測的時候，有的人跟我說，老師，彈珠會沉，有的跟我說，彈珠會浮。有的人說，足球會沉。現在開始動腦時間喔！現在不是預測了喔！也不是讓你去亂猜喔！是要真的要動腦去想……為什麼彈珠會沉下去？

捷　：因為它裡面有玻璃，那個玻璃很重。

老師：因為彈珠是玻璃，很重，所以它沉下去。好，這是捷講出來的原因。還有沒有其他的原因？

媛　：它比較小。

潔　：因為它裡面有玻璃。

婷　：裡面有重量。

綸　：因為裡面可能會有玻璃。

好　：因為它有一點重重的。

老師：還有沒有不一樣？……沒了喔？好，有人說因為彈珠很重，所以沉下去；好，有人說，彈珠是因為它很小，所以沉下去；有人說，彈珠是因為它是玻璃做的，所以沉下去；有人說，因為彈珠裡面有水，所以沉下去。哇，這麼多原因，沒關係，把這些原因都留著。

老師：接下來討論第二個喔！很厲害！都有在動腦想。來，木球是浮還是沉啊？

C　：浮～

老師：為什麼？動動腦，不是亂猜的，也不是聽人家講的，真的想想看，為什麼木球它會浮？好，瑄。

瑄　：它裡面應該是空心的。

芳　：因為它很重。

又　：重應該是會沉下去吧？

老師：好，芳說因為它很重，所以就浮起來了，是不是？芳你覺得很重就會浮起來嗎？好，好。

好　：因為它很輕。

捷　：因為它掉下去的時候，水會還它那個力氣，然後它就會把它沖
　　　上來。

老師：你說它掉下去的時候，水會怎麼樣？

捷　：也會把它的力氣……

老師：會還它的力氣，它就會沖上來，是不是？

研　：就是它比較大也比較重，所以它會……沉下去。

老師：沒有耶，我們的木球結果是浮起來耶！我們的木球實驗結果是
　　　什麼？

C　：浮起來！

媛　：因為它是木頭做的。

綸　：兩邊是木頭，裡面是空心的。

老師：因為外面是木頭，裡面是空心的，所以它會浮起來？〔綸點
　　　頭〕很好。軒。

軒　：〔……〕

老師：丟下去的時候水會怎樣？……水分子會怎樣？……它會拉扯
　　　喔？所以它就會浮起來，是不是？噢！好深喔！好，瑄，還有
　　　不同答案嗎？為什麼它會浮起來？

瑄　：因為我有聽過那個故事嘛。

老師：你有聽過哪個故事，什麼故事？

瑄　：十二生肖。

瑄　：那個猴子不是坐那個……一個木頭嘛……

C1　：木頭船啊！

瑄　：就是，樹幹做的啊。然後浮起來的。

老師：喔！那個木頭就是樹幹做的，所以那個木頭就是浮起來的，是
　　　不是？所以你從裡面學到木頭是會浮起來的，是不是？

瑄　：對。

老師：很好。你看，她從生活裡面，從故事裡面發現，木頭船，
　　　它就浮起來。還有沒有不一樣的？其他小朋友動動腦想想看
　　　喔！……沒有喔！好，我們來看看，木球為什麼會浮起來？有

人說，因為裡面是空心的；有人說，因為它很重，所以會浮起來；有的人說，它很輕，所以它會浮起來；因為它是木頭做的，就會浮起來；有人說它很大，所以它浮起來。好，沒關係，這些答案都留著，因為這都是你們的想法，都很寶貴喔！

--------------〔省略其他物體會「浮」或「沉」原因的討論〕-----------

老師：好，老師幫你們歸納出來，你們今天所有講出來的，都在這邊。哦～原來這個物體呀，會沉會浮跟輕重有關係，跟很大很小有關係，跟什麼東西做的有關係，跟實心空心有關係。好。下個禮拜五來，我們開始要做一件事情。找出這麼多答案，可是這答案全部都對嗎？……有些對，有些不對，那要怎麼辦？……要想想看，還有呢？要做什麼事？

〔老師在白板寫下「驗證」〕

C5：試試看。

老師：驗證。每一個都去試試看，每一個都去驗證看看，到底哪一個答案是對的。好，禮拜五我們就來驗證，到底這個答案，對不對？真的會影響浮，影響沉嗎？……我也不知道，我們一起來試試看。

四、驗證各個變因

　　每一個變因的驗證，都由教師針對該變因提供適當材料，以控制「干擾變因」，也都遵循預測→蒐集資料與證據→提出解答→建構合理解釋的科學探究歷程。依照幼兒先前討論時提到次數多寡排列驗證的順序（重量→大小→材質→實心空心），最先驗證的變因是「重量」，其次是「大小」，之後是「材質」，最後是「實心空心」。下面是某一小組驗證「大小」變因的過程。

（一）引起動機

　　教師先複習之前「重量」變因驗證的討論，接著導入「大小」變因的驗證。以下是討論的片段。

團體討論實例八

　　老師：你覺得大和小會不會影響？
　　B1　：當然會。
　　老師：當然一定會，是不是？為什麼？
　　B1　：〔未語〕
　　老師：不知道喔！
　　老師：瑄，為什麼會，你覺得哪個會沉，哪個會浮？
　　瑄　：大的都會沉，小的會浮。
　　佑　：小的會浮，大的會沉。
　　老師：那現在怎麼辦？
　　C1　：實驗看看。

（二）分組活動：蒐集資料與證據

　　教師發給輪到進行驗證的小組每名幼兒一張學習單，上面有要驗證的物體（包括：大和小保麗龍球、大和小木球、大和小鐵珠）之圖片，請幼兒在「預測欄」勾選每一個物體會沉或浮。預測之後，再請幼兒就其預測做出解釋。

　　之後，讓幼兒先輪流將物品放入水箱，觀察其浮沉。之後，則自由操作，並在學習單上記錄。各組都完成「大小」因素的驗證之後，再進行團體討論，總結歸納「大小」是否會影響物體的浮沉。

（三）做出暫時性的結論

團體討論實例九

　　老師：現在我們來看看，大跟小是不是讓它變浮或變沉的原因？
　　C　：不是！
　　老師：大的，有沒有浮？
　　C　：有！
　　老師：有沒有沉？

C　　：有。

老師：也有。……小的，有沒有浮？

C　　：有！

老師：有沒有沉？

C　　：有！

老師：哇～怎麼會這樣？大的也有沉也有浮，小的也有沉也有浮。
　　　怎麼樣？……這樣不是耶！那我們今天看到了什麼？有什麼發
　　　現？

軒　　：我發現木球浮起來。

老師：喔！她發現木球都浮起來，那木球什麼做的？

軒　　：木頭。

老師：木頭做的是不是？好，還有發現什麼？

媛　　：鐵珠都沉下去了。

老師：還有嗎？

安　　：保麗龍……球……都浮。

老師：你發現保麗龍球都浮起來了！……大的跟小的都浮起來了，是
　　　不是？

〔安點頭〕

老師：輕跟重的實驗，大跟小的實驗，有沒有發現這兩個實驗有什麼
　　　一樣的地方？

軒　　：我知道，木頭都浮的。

捷　　：塑膠球都是浮的。

又　　：啊！塑膠球跟那個小塑膠罐啦！

老師：我唸一次你們昨天講的，石頭都是沉，鐵夾是沉……

老師：做輕重的時候，鐵夾都是沉；現在做大小，鐵珠也是沉。我們
　　　發現這兩個一樣的喔！明天，我們再來做，材質。

　　「材質」因素的驗證程序亦如上述，但所提供的材料有所不同。在排除輕重、大小、材質等因素對浮沉可能的影響之後，繼續驗證最後一個可能的影響因素：「實心空心」。

（四）驗證最後一個變因，並做出結論

　　研究第三年又歸隊的林老師，在進行這個因素的驗證之前，進行了戶外教學，帶領幼兒去港口看輪船。以下是參觀之後的討論片段。

團體討論實例十

老師：大船那麼大，又是什麼做的？

B1　：鐵做的。

老師：那它為什麼會浮在海上？

吉　：爸爸說如果它沒有水進去的話，就會浮起來，有水跑進去，它就會沉下去。

老師：這是爸爸的答案，不是你的。你要想想為什麼？

B2　：因為它旁邊的輪子讓它浮起來。

老師：輪船旁邊的輪子是讓它浮起來的原因嗎？

C　：不是。

慕　：〔聽不清楚〕

老師：等一下，慕提出質疑，他說：「其他輪船根本沒有旁邊的輪子啊，人家也是浮啊」，剛才你是不是這樣講？

〔慕點頭〕

老師：那你知道為什麼嗎？

慕　：因為裡面沒載人是空的，載人還是有一些空的地方，跟空心實心一樣。

老師：跟什麼一樣？

老師：跟空心實心。

老師：我們昨天去觀察輪船，發現了問題，所以今天研究的問題是……

〔老師邊說邊寫〕

B3　：空心實心有沒有影響〔聽不清楚〕的浮沉？

這是最後一個變因的驗證，程序與其他變因的驗證相同。討論之後，接著分組操作驗證並蒐集資料。最後，總結所有變因的驗證結果，得到的結論是：「空心」是影響物體在水中上浮的主要原因。

五、後評量：幼兒能否做學習遷移

影響浮沉的可能因素經師生一一驗證，最後正如圖 7-1 的科學探究教學模式，通常是經過多次反覆驗證，才能得到正確結論。經過這麼多次的探究之後，幼兒是否真正了解其中道理？能否做學習遷移？為評量幼兒的學習，最後進行了下列兩個活動。

（一）讓油土浮起來

教師發給每人一塊油土，先讓幼兒預測「實心的油土是否可以上浮」。若否，「要怎樣讓油土浮起來」。之後，幼兒動手驗證與觀察。

教師發現：大部分幼兒一拿到油土，就會想辦法要將油土變成空心的形狀。不過，那些比較常去美勞區做美工、小肌肉技巧較佳的幼兒，較快將黏土捏成中空狀。然而，那些對「浮與沉」的道理有所了解，但小肌肉技巧不佳的幼兒，較難完成。

（二）不沉的小船

幼兒完成第一個活動之後，老師再發給每人一塊油土和 20 顆彈珠。先讓幼兒預測「油土裝載彈珠後會不會下沉」及「如何讓油土裝載最多的彈珠」。

教師發現：幼兒大多會不斷嘗試改變油土的形狀來裝載更多彈珠，而從中發現油土形狀與裝載最多彈珠間的關係。

幼兒操作觀察實例

瑋：因為船占了位子，水就會往兩邊跑上來。

謙：比較大的船就會比較占空間，對水的壓力就會比較多，就會把水
　　推開來。

六、提出近似科學概念的結論

　　幼兒從整個探究的過程中，領悟了浮沉現象其中的道理：空心是物體能在水中上浮的主要原因。這個結論的意思，近似《觀念物理 III》（Hewitt, 1992/2008）一書中對「浮力原理」的解釋：在流體表面上浮的物體，與它所排開的流體有相同的重量。

第六節　結論與建議

壹、結論

　　本方案課程是經由科學探究歷程，由師生合作建構了解「物體在水中上浮」的原理原則。對師生而言，都是嶄新的學習經驗。經由本課程師生獲得的學習如下：

1. 了解影響物體在水中上浮的原因：本課程的實施是經過「提出問題」、「蒐集資料與證據」、「提出解答」、「建構合理的解釋」等多次循環的科學探究歷程。經由這樣的歷程，幼兒對浮沉現象提出的解釋是：「空心是使物體能在水中上浮的主要原因」。

2. 了解科學家如何進行科學探究：從提問科學問題開始、預測、蒐集資料與證據、提出解答，到最後建構合理的解釋。

3. 師生能合作建構：從最初的探究問題，以及之後衍生的探究問題（例如：重量、大小、材質、實心空心是不是影響物體浮沉的原因），都是在教師適切的引導（教學材料的提供、教師的提問）下，師生共同提出。

4. 幼兒能根據操作觀察所蒐集的資料提出解釋：教師鼓勵幼兒發表且尊重幼兒對所觀察現象的解釋，因此幼兒都能積極參與討論。幼兒對同儕提出的合理解釋能給予讚美，對前後矛盾的解釋能加以反駁，並逐漸展現較高層次的推理思考能力。

不過，上述的學習成果，在第一次和第二次的課程實施達成之程度有

所不同。比較前面所述，由 2 位教師合作，在「浮或沉」的 2 次教學之諸多實例，以及對幼兒在每次探究時所填寫的學習單之分析，發現：透過教學歷程不斷的學習與反思，幼兒教師對現代化的科學本質知識、科學探究知識、所要教授的科學原理之了解不斷進步，因而接受第二次教學的幼兒在學習上的表現也較佳。

貳、建議

要進行科學教學之前，教師應先加強自己對下列知識的了解：

1. 增進科學本質知識的了解：知道科學是什麼？科學知識如何產生？對科學本質有所了解，才不會將科學知識當成真理，而對學生強行灌輸。
2. 了解科學探究模式：了解科學家如何進行探究，才知道如何引導學生學習科學。
3. 增進所要教授的科學概念或原理（亦即，課程內容）的理解。

討論與分享

1. 討論本章所提供的教學案例中，針對物體浮沉現象，幼兒最後做出的解釋是：「中空是影響物體上浮的主要原因。」這個解釋和你所學的浮力原理是否相通，請加以說明。
2. 以 4～5 人一組，回想、分享與討論過去自己所接受的物理領域教學方式，以及這樣的教學方式對自己在該科目的學習興趣、動機、成就之影響。
3. 以 4～5 人一組，閱讀陳淑敏（2023）《幼兒遊戲》一書中所提供的「摺紙飛機」之科學遊戲實例（頁 250-251），討論教師如何引導及遊戲如何進行。接著，以本章所提的科學探究教學模式，設計一個能引導幼兒了解其中道理的科學探究教學活動。
4. 以 4～5 人一組，閱讀陳淑敏（2023）《幼兒遊戲》一書中所提供的

「桃花心木翅果」的科學遊戲實例（頁 262-263），討論教師如何引導及遊戲如何進行。接著，以本章所提的科學探究教學模式，設計一個能引導幼兒了解其中道理的科學探究教學活動。

5. 以 4 ～ 5 人一組，閱讀陳淑敏（2023）《幼兒遊戲》一書中所提供的「重力車」的科學遊戲實例（頁 264-266），討論教師如何引導及遊戲如何進行。接著，以本章所提的科學探究教學模式，設計一個能引導幼兒了解其中道理的科學探究教學活動。

參考文獻

中文部分

TEDx、天下部落格（2019）。寫信給蓋茲「聽說錢都在你那」5 歲女孩為何能拯救百萬非洲孩童？ https://www.cw.com.tw/article/5094354

自由健康網（2020）。小孩子一天要喝多少水？兒科醫師教你算。https://health.ltn.com.tw/article/breakingnews/3362426

吳璧純、詹志禹（2018）。從能力本位到素養導向教育的演進、發展及反思。**教育研究與發展期刊，14**（2），35-64。

周淑惠（2022）。幼兒科學教育：邁向 STEM 新趨勢。心理。

岡田正章（1996）。**幼稚園自然事象‧數量形教學設計**。武陵。

岩田陽子、南昌子、石井昭子（1995）。**蒙台梭利教育理論概說：日常生活練習**。新民。

林曜聖（2018）。**Shulman 的教師知識**。https://www.educator.tw/2018/05/shulman.html

教育部（2017）。**幼兒園教保活動課程大綱**。作者。

陳淑敏（1998）。一個讓幼兒充分發揮想像力與思考創造力的學校系統。載於沈慶揚（主編），**師資培育與教育研究**（頁 293-315）。復文。

陳淑敏（2001）。**幼稚園建構教學：理論與實務**。心理。

陳淑敏（2004）。幼兒教師教學信念與教學行為之探究。**屏東師院學報，21**，1-36。

陳淑敏（2011）。**幼稚園教師實務社群科學探究專業成長之研究（Ⅰ）**。行政院國家科學委員會專題研究成果報告，未出版。

陳淑敏（2012）。**幼稚園教師實務社群科學探究專業成長之研究（Ⅱ）**。行政院國家科學委員會專題研究成果報告，未出版。

陳淑敏（2014）。**幼稚園教師實務社群科學探究專業成長之研究（Ⅲ）**。行政院國家科學委員會專題研究成果報告，未出版。

陳淑敏（2018）。**幼兒科學教育：探究取向**。心理。

陳淑敏（2023）。**幼兒遊戲（第四版）**。心理。

陳淑敏、張靜儀、高慧蓮（2007）。**科學教學中多元表徵與學童科學概念建構之研究：幼兒常識領域「光的探索」及「昆蟲」教學模組的探究**。行政院國家科學委員會專題研究成果報告，未出版。

黃政傑（2012）。**教學原理**。師大書苑。

簡楚瑛（2019）。「素養教育」產生之社會背景探討及實務性策略：以「解決問題能力」為例。載於簡楚瑛，**幼兒園課程發展：理論與實務**（第二版）（頁 321-329）。心理。

簡楚瑛（2022）。**幼兒園課程發展：理論與實務**（第三版）。心理。

簡楚瑛、歐陽遠（編著）（2019）。**「STEM⁺ 小實驗大發現」：小班、中班、大班學生用書**（計 24 冊）**暨教學資源手冊**（計 6 冊）。現代出版社（北京）。

Dewey, J.（2018）。**明日學校：杜威論學校教育**〔呂金燮、吳毓瑩譯〕。商周。（原著出版年：2015）

Gagné, E. D., Yekovich, C. W., & Yekovich, F. R.（1998）。**教學心理學：學習的認知基礎**〔岳修平譯〕。遠流。（原著出版年：1993）

Hewitt, P. G.（2008）。**觀念物理 III：物質三態、熱學**（第二版）〔師明睿譯〕。天下遠見。（原著出版年：1992）

Marschall, C., & French, R.（2021）。**概念為本的探究實作：促進理解與遷移的策略寶庫**〔劉恆昌、李壹明譯〕。心理。（原著出版年：2018）

Mayer, R. E.（1997）。**教育心理學：認知取向**〔林清山譯〕。遠流。（原著出版年：1987）

Tileston, D. W.（2011）。**所有教師都應該知道的事：學習、記憶與大腦**〔簡馨瑩譯〕。心理。（原著出版年：2004）

Wiggins, G., & McTighe, J.（2008）。**重理解的課程設計**〔賴麗珍譯〕。心理。（原著出版年：2005）

英文部分

Anderson, L. W., Krathwohl, D. R., Airasian, P. W., Cruikshank, K. A., Mayer, R. E., Pintrich, P. R., Raths, J., & Wittrock, M. C. (2001). *A taxonomy for learning, teaching, and assessing: A revision of Bloom's taxonomy of educational objectives*. Longman.

Bloom, B. S. (1956). *Taxonomy of educational objectives, Handbook 1: Cognitive domain*. David McKay.

Crawford, B. A. (2007). Learning to teach science as inquiry in rough and tumble of practice. *Journal of Research in Science Teaching, 44*(4), 613-642.

Department for Education, UK. (2013). *The National Curriculum in England: Framework document for consultation*. Author.

Dewey, J. (1998). *How we think*. Houghton Mifflin.

Dugger, W. E. (2010, December). *Evolution of STEM in the United States*. Paper presented at the 6th Biennial International Conference on Technology Education Research, Queensland, Australia.

Edwards, C., Gandini, L., & Forman, G. (1993). *The hundred languages of children: The Reggio Emilia approach to early childhood education*. Ablex.

Finnish National Board of Education. (2004). *National Core Curriculum for Basic Education 2004*. Author.

Havu-Nuutinen, S. (2005). Examining young children's conceptual change process in floating and sinking from a social constructivist perspective. *International Journal of Science Education, 27*(3), 259-279.

Heick, T. (2018). *8 reflective questions to help any student think about their learning*. https://www.teachthought.com/learning/reflective-questions/

Kallery, M., Psillos, D., & Tselfes, V. (2009). Typical didactical activities in the Greek early-years science classroom: Do they promote science learning? *International Journal of Science Education, 31*(9), 1187-1204.

Katz, L. G., & Chard, S. C. (1990). *Engaging children's minds: The project approach*. Ablex.

McComas, W. F., Clough, M. P., & Almazroa, H. (1998). The role and character of the nature of science in science education. In W. F.

McComas (Ed.), *The nature of science in science education rationales and strategies*. Kluwer Academic Press.

National Academy of Engineering. [NAE] & National Research Council. [NRC] (2014). *STEM integration in K-12 education: Status, prospects, and an agenda for research*. The National Academies Press. http://www. middleweb.com/wp-content/uploads/2015/01/STEM-Integration-in-K12-Education.pdf

National Association for the Education of Young Children. [NAEYC] (2019). *NAEYC Early Learning Program Accreditation Standards and Assessment Items*. Author.

National Association for the Education of Young Children. [NAEYC] (2020). *Developmentally appropriate practice (DAP) position statement*. https://www.naeyc.org/resources/position-statements/dap/contents

National Association for the Education of Young Children. [NAEYC] & Fred Rogers Center for Early Learning and Children's Media. (2012). *Technology and interactive media as tools in early childhood programs serving children from birth to age 8*. https://www.naeyc.org/sites/default/files/globally-shared/downloads/PDFs/resources/position-statements/ps_technology.pdf

National Research Council. [NRC] (1996). *National science education standards*. National Academy Press.

National Research Council. [NRC] (2000). *Inquiry and national science education standards*. National Academy Press.

National Research Council. [NRC] (2012). *A framework for K-12 science education: Practices, crosscutting concepts, and core ideas*. The National Academies Press.

National Research Council. [NRC] (2013). *Next generation science standards: For states, by states*. http:/www.nextgenscience.org

National Research Council. [NRC] (2015). *Guide to implementing the next generation science standards*. The National Academies Press. https://doi.

org/10.17226/18802

Organization for Economic Co-operation and Development. [OECD] (2018). *Preparing our youth for an inclusive and sustainable world: The OECD PISA global competence framework*. Author.

Organization for Economic Co-operation and Development. [OECD] (2021). *Science, technology and innovation outlook 2021: Times of crisis and opportunity*. Author.

Ornstein, A. C., & Hunkins, F. P. (2018). *Curriculum: Foundations, principles, and issues* (7th ed.). Pearson Education.

Shulman, L. (1987). Knowledge and teaching: Foundations of the new teaching reform. *Harvard Educational Review, 57*(1), 1-22.

Tang, X., Coffey, J. E., Elby, A., & Levin, D. M. (2010). The scientific method and scientific inquiry: Tensions in teaching and learning. *Science Education, 94*(1), 29-47.

Tyler, R. W. (2013). *Basic principles of curriculum and instruction* (Rev. ed.). The University of Chicago Press.

University of British Columbia. [UBC] (2021). *Handbook for the Instructional Skills Workshop (ISW)*. Center for Teaching, Learning and Technology, University of British Columbia.

Vosniadou, H. M., & Ioannides, C. (1998). From conceptual change to science education: A psychological point of view. *International Journal of Science Education, 20*, 1213-1230.

Watson, A. D., & Watson, G. H. (2013). Transitioning STEM to STEAM: Reformation of engineering education. *Journal for Quality and Participation*. https://www.academia.edu/8766909/Transitioning_STEM_to_STEAM_Reformation_of_Engineering_Education

Windschitl, M. (2004). Folk theories of "inquiry": How preservice teachers reproduce the discourse and practices of an atheoretical scientific method. *Journal of Research in Science Teaching, 41*(5), 481-512.

Yakman, G. (2010). *What is the point of STEAM? A brief overview*. https://

www.researchgate.net/publication/327449281_What_is_the_point_of_
STEAM-A_Brief_Overview

Yakman, G. (2017). *Proceedings of the PATT (Pupils Attitudes Towards
Technology)*. Millersville University Host, STEAM Education LLC.

國家圖書館出版品預行編目（CIP）資料

幼兒科學教育：理論與實務 / 簡楚瑛、陳淑敏、
歐陽遠作. -- 初版. -- 新北市：心理出版社股份
有限公司, 2024.01
　　面；　公分. --（幼兒教育系列；51231）
　　ISBN 978-626-7178-97-3（平裝）

1. CST: 學前教育理論　2. CST: 科學教育

523.21　　　　　　　　　　　　112021097

幼兒教育系列 51231

幼兒科學教育：理論與實務

主　　編：簡楚瑛
作　　者：簡楚瑛、陳淑敏、歐陽遠
總 編 輯：林敬堯
發 行 人：洪有義
出 版 者：心理出版社股份有限公司
地　　址：231026 新北市新店區光明街 288 號 7 樓
電　　話：(02) 29150566
傳　　真：(02) 29152928
郵撥帳號：19293172　心理出版社股份有限公司
網　　址：https://www.psy.com.tw
電子信箱：psychoco@ms15.hinet.net
排 版 者：辰皓國際出版製作有限公司
印 刷 者：辰皓國際出版製作有限公司
初版一刷：2024 年 1 月
I S B N：978-626-7178-97-3
定　　價：新台幣 300 元